MEDITACIÓN

Guía para principiantes para meditar y reducir estrés

(Reducir el estrés y la depresión)

Nolan Cruz

Publicado Por Daniel Heath

© **Nolan Cruz**

Todos los derechos reservados

Meditación: Guía para principiantes para meditar y reducir estrés (Reducir el estrés y la depresión)

ISBN 978-1-989853-90-0

Este documento está orientado a proporcionar información exacta y confiable con respecto al tema y asunto que trata. La publicación se vende con la idea de que el editor no esté obligado a prestar contabilidad, permitida oficialmente, u otros servicios cualificados. Si se necesita asesoramiento, legal o profesional, debería solicitar a una persona con experiencia en la profesión.

Desde una Declaración de Principios aceptada y aprobada tanto por un comité de la American Bar Association (el Colegio de Abogados de Estados Unidos) como por un comité de editores y asociaciones.

No se permite la reproducción, duplicado o transmisión de cualquier parte de este documento en cualquier medio electrónico o formato impreso. Se prohíbe de forma estricta la grabación de esta publicación así como tampoco se permite cualquier almacenamiento de este documento sin permiso escrito del editor. Todos los derechos reservados.

Se establece que la información que contiene este documento es veraz y coherente, ya que cualquier responsabilidad, en términos de falta de atención o de otro tipo, por el uso o abuso de cualquier política, proceso o dirección contenida en este documento será responsabilidad exclusiva y absoluta del lector receptor. Bajo ninguna circunstancia se hará responsable o culpable de forma legal al editor por cualquier reparación, daños o pérdida monetaria debido a la información aquí contenida, ya sea de forma directa o indirectamente.

Los respectivos autores son propietarios de todos los derechos de autor que no están en posesión del editor.

La información aquí contenida se ofrece únicamente con fines informativos y, como tal, es universal. La presentación de la información se realiza sin contrato ni ningún tipo de garantía.

Las marcas registradas utilizadas son sin ningún tipo de consentimiento y la publicación de la marca registrada es sin el permiso o respaldo del propietario de esta. Todas las marcas registradas y demás marcas incluidas en este libro son solo para fines de aclaración y son propiedad de los mismos propietarios, no están afiliadas a este documento.

TABLA DE CONTENIDO

Parte 1 1

Introducción 2

Capítulo Uno: Los Beneficios De La Meditación 15

Capítulo Dos: Cómo Hacer Meditación Zen...................... 28

Capítulo Tres:Cómo Practicar La Meditación Conconsciencia Plena.. 42

Capítulo Cuatro: Cómo Utilizar La Meditación Trascendental 50

Capítulo Cinco: Cómo Practicar La Meditación Por La Paz . 58

Capítulo Seis: Cómo Practicar La Meditación Para Aliviar El Estrés 62

Capítulo Siete:Cómo Practicar La Meditación Para La Felicidad 70

Conclusión 84

Parte 2 95

Introducción 96

Meditación 99

Contexto Histórico De Meditación 101

Tipos De Meditación.. 107

Beneficios De La Meditación 112

Antes De Meditar 118

Técnicas De Meditación..................................... 122

Contar La Respiración....................................... 133

Formas De Meditación 138

Pautas Sobre La Meditación 146

Pautas Adicionales Sobre La Meditación Caminando 152

Investigaciones Científicas Del Efecto De La Meditación .. 154

La Meditación Ayuda A Preservar El Envejecimiento Del Cerebro 155
La Meditación Reduce La Actividad Del Cerebro "Centrada En Uno Mismo" 155
Sus Efectos Antidepresivos Para Combatir La Depresión, La Ansiedad 156
La Meditación Puede Conllevar Cambios De Volumen En Áreas Clave Del Cerebro 157
La Meditación Puede Ayudar Con Las Adicciones 159

Mayores Desafíos De La Meditación Y Soluciones 161

Impaciencia 161
Falta De Tiempo 162
Falta De Sueño 163
Sentirse Sostenido 163
Finalización Corta 164
Dolor Corporal E Irritación 165

Formas De Promover La Meditación En Nuestra Sociedad
.... 166

Conclusión 170

Parte 1

Introducción

Bienvenido a esta guía de meditación para principiantes.El objetivo de este libro es darle el conocimiento y la comprensión de la meditación y de cómo hacerla.Este libro le explicará las muchas razones por las cuales debería iniciarse en la meditación y los efectos positivos que obtendrá si lo hace, con la esperanza de que de alguna forma la haga parte de su vida.

Este libro va a darle una mirada a las diferentes prácticas y ventajas de la meditación.Llevar a cabo esta práctica durante solo 10 minutos al día puede cambiar completamente su vida.Así que, no importa qué forma de meditación escoja practicar de las que explica este libro, esta será su preferencia personal y de seguro lo va a beneficiar.

Cuando practique la meditación en forma regular, pueden ocurrir cambios permanentes.Con la práctica regular de la meditación podrá ver cómo su vida cambia completamente, para mejor.

En este libro, va a ver muchos estilos diferentes de meditación.Debe escoger el que se adapte más a su personalidad, a su vida y a sus metas.Solo usted sabrá qué práctica de meditación le conviene más.Sin embargo, si usted quiere, talvez puedepracticar dos tipos de meditación.La clave es probarlas algún tiempo y experimentar.

Usted puede estar comenzando a meditar sabiendo lo que busca.Algunos de ustedes estarán buscando incorporar la meditación a su vida diaria por alguna razón específica. Por ejemplo, usted puede querer traer más paz y estabilidad a su vida. Esta es una meta que vale la pena.

Otra razón corriente para elegir meditar es usarla como una forma de eliminar cualquier ansiedad, ya que puede ser una gran fuente de alivio del estrés. Puede reducir considerablemente el estrés y la ansiedad o eliminarlos completamente. Esto es porque la meditación lo calma, lo centra y reduce su presión arterial. En este libro encontrará algunas grandes ideas, consejos y prácticas que le ayudarán en este sentido.

Otra razón general por la que puede elegir

usar la meditación es paratraer más felicidad a sí mismo y a su vida. La meditación puede aumentar sus niveles de felicidad y por lo tanto hacer mucho más plena toda su vida en general. ¡Los resultados que puede obtener de la meditación son sorprendentes!

Los resultados han demostrado que estas prácticas de meditaciónproducen con el tiempo aumento en experiencias diarias de emociones positivas, lo que a su vez lleva a aumento en la producción de una amplia gama de recursos personales (por ejemplo, mayor consciencia, propósito en la vida, apoyo social y reducción de síntomas de enfermedades). A su vez, los incrementos de recursos personales que se producen conducen a una mayor satisfacción de vida y a la reducciónde síntomas depresivos. Estas son algunas de las razones por las que verá cómo, cuando medita en forma regular,aumenta su felicidaden forma tan considerable:

- La meditación regular hará que se sienta menos estresado
- La meditación regular hará que se

preocupe menos
- La meditación regular hará que se sienta menos ansioso
- La meditación regular le permitirá controlar sus pensamientos
- La meditación regular le permitirá estar más en control de sus emociones
- La meditación regular reducirá significativamente las emociones y pensamientos negativos
- La meditación regular traerá beneficios para su salud mental
- La meditación regular traerá beneficios para su salud psicológica
- La meditación regular traerá beneficios a su bienestar general
- La meditación regular puede realmente volver a "cablear" su cerebro, permitiéndoleque trabajecon más optimismo y con más éxito.

Fíjeseque hemos dicho "meditación regular"y esa es la clave. Para obtener los mejores beneficios y para obtener el máximo provecho de la meditación, querrá traerla en forma regular a su vida. La frecuencia ideal para meditar es una vez al día. Al meditar diariamente sentirá que su vida cambia para mejor. Se sentirá mucho mejor y la vida se le hará mucho más fácil.

Si no puede meditar al menos una vez al día durante diez minutos, trate de hacerlo cada dos días.Dedíquele algo de tiempo cada dos días, de 10 a 20 minutos y medite con su método preferido de meditación.En general diríamos que debería meditar durante 10 minutos todos los días.Sin embargo, si no puede hacerlo, y elige hacerlo cada dos días, entonces pruebe y trate de hacer su sesión de meditación el doble de larga – para un total de 20 minutos.De esa manera estará cosechando los beneficios completos de la meditación.

Se recomienda muchísimo no dejar pasar más de dos días entre sesiones de meditación.Esto es porque entonces no obtendría los beneficios completos de la meditación, que es lo que está buscando.

La felicidad que le trae la meditación es algo que buscaremos en este libro.Verá cómo la meditación puede traerle y de hecho le traerá felicidad a su vida.Esto será al final del libro, ya que terminaremos el libro con una nota de optimismo.También lo motivará e inspirará a comenzar a meditar o lo inspirará a meditar aún más.

Antes de hacer esto, miremos la historia que hay tras la meditación.Es una corta lección de historia sobre los orígenes de la meditación, cómo empezó y cómo llegó a darse.

La meditación es una práctica antigua que ha existido por más de mil años.La historia de la meditación se remonta a muchos años antes de Cristo.

La primera referencia a la meditación viene de textos históricos.Estos textos históricos vienen de la religión hindú, del Vedantismo.Se preguntará ¿qué es el Vedantismo?Para quienes no lo saben, el Vedantismo se relaciona con la practica hinduista del Vedanta, que es una práctica espiritual de la religión hindú.

El término "Vedanta" significa "conclusión".La escuela de pensamiento Vedanta tiene muchas creencias y prácticas, incluyendo la de llegar a la *conclusión* de nuestra alma.Para el Vedanta la conclusión del alma es terminar con las reencarnaciones.Por lo tanto, uno de los objetivos principales de esta escuela de pensamiento filosófico es poner fin a las reencarnaciones.

La práctica de la meditación busca iluminar a la persona y a su alma, para que progresen más allá de las reencarnaciones.Esta práctica se remonta a por lo menos los años 6 a 7 a.C.Se confirma esta fecha con evidencias históricas: textos.Sin embargo, es posible que la meditación Vedanta se haya practicado antes de esa fecha.

Esto nos da una idea de los orígenes de la meditación a partir de la práctica religiosa y espiritual del hinduismo. No nos da realmente una idea de cuándo comenzó la meditación budista.De hecho, un tema candente en el debate entre historiadores y teólogos es cuándo exactamente comenzó la meditación budista.No sabemos exactamente cuándo comenzó la meditación budista.Y no hay acuerdo en los campos de la teología y de la historia en cuanto a la fecha exacta.Lo que podemos decir es que la meditación budista comenzó antes de Cristo.En algún momento antes de Cristo.

Los historiadores y teólogos colocan la fecha de nacimiento del Buda entre 490 y 410 a.C.Esto nos indica que la meditación budista comenzó en algún lugar alrededor de este período de tiempo, o un poco antes.

Lo que podemos concluir es que no sabemos con certeza cuando la meditación se convirtió en una práctica espiritual y religiosa.Pero probablemente fue una práctica que comenzó algunos cientos de años antes de Cristo.También hay algo más que nos pueden enseñar los primeros resultados acerca de la meditación y es que al parecer comenzó como una práctica espiritual y religiosa.

Sin embargo, no hay ninguna evidencia que sugiera que así comenzó.Puesto que no sabemos cuándo comenzó exactamente la meditación ni quién la comenzó, podría haber tenido principios seculares no religiosos.La meditación podría haber tenido raíces seculares.Sin embargo, parece poco probable.Puesto que la única evidencia que tenemos sobre la meditación son estas rutas históricas.

Dado que la meditación es a menudo vista como una práctica espiritual y religiosa, que está específicamente vinculada a las religiones como el hinduismo y el budismo, ¿significa eso que tienes que ser espiritual?¿O religioso?¿O incluso que es necesario ser seguidor del hinduismo o del budismo para obtener todos los beneficios de la meditación?Definitivamente no.

No tiene que ser religioso, espiritual ni seguidor del hinduismo o del budismo para practicar la meditación y buscar sus beneficios. Cualquier persona puede practicar el arte de la meditación, no importa cuáles sean sus creencias espirituales o religiosas. Todos son bienvenidos. De hecho, en los últimos años tanto la ciencia como la comunidad médica han comenzaron a reconocer los beneficios de la meditación.

En el primer capítulo de este libro revisaremos la ciencia detrás de la meditación. Le mostraremos cuáles son sus beneficios científicos. Se ha demostrado que estos mejoran la mente, el cuerpo, el estilo de vida y hasta la edad que aparentan las personas. Se obtienen muchos beneficios de la meditación, que analizaremos con más profundidad, para que pueda obtener una mejor comprensión de la práctica de la meditación yde los beneficios diarios que puede traer a su vida.

Antes de empezar a tratar en nuestro primer capítulo sobre los beneficios diarios de la meditación y de la ciencia tras la meditación, debe saber que no hay una forma única de meditar. Debe saber que hay muchas formas de hacerlo. Hay diferentes estilos y prácticas de meditación como la meditación Zen y la meditación con consciencia plena.

En capítulos separados veremos todos estos estilos de meditación. También cubriremos otros estilos de meditación, ya que hay muchos más de los que he mencionado.

Si es nuevo en la meditación, o incluso si es un veterano, puede hacer lo siguiente que hará que su experiencia de meditación sea mejor y más enriquecedora. ¿Qué es esto? Pues abrir su mente y aprender sobre las diferentes variantes de la meditación. Este libro le ayudará a ello. Le ayudará a entender y a explorar una amplia variedad de diferentes estilos de meditación. Esto puede ayudarle a encajarlos en su estilo de vida e incluso en su personalidad.

Cuando nos iniciamos en la meditación, sobre todo por primera vez, a menudo podemos limitarnos, pensando que la meditación es un tipo de actividad donde se debe seguir siempre el mismo estilo. Esto no es cierto.En la meditación no se sigue siempre el mismo estilo. Para cada tipo de meditación hay muchos estilos y prácticas diferentes.No permita que esto lo desanime.Los diferentes tipos de meditación que aprenderá en este libro son divertidos y gratificantes de aprender.

La meditación no necesariamente tiene que hacerse sentado en posición de loto.Esta posición es la imagen típica que las personas tienen de la meditación.Aunque esta es una muy buena posición para meditar, no necesariamente es la correcta para todas las personas.

Algunas personasfísicamente no pueden sentarse en posición de loto.Sea porque no tienen la flexibilidad, tienen una incapacidad física o edad avanzada, y por lo tanto la posición de loto para meditar no sería conveniente para ellos.Esto no quiere decir que su meditación sea menos eficaz porque la estén practicando en otra posición.Se puede hacer y será igualmente efectiva.

Lo más importante acerca de la meditación no es necesariamente lo que hagamos físicamente con nuestros cuerpos, sino lo que hagamos con nuestras mentes.Es dentro de nuestra mente que conseguimos los mejores beneficios de la meditación.Puede haber muchos y diferentes estilos de meditación, que tienen diferentes formas de usarla y practicarla, y que tienen también diferentes posiciones físicas.Pero a lo que se resume cada forma de la práctica de la meditación es al control de la mente para lograr beneficios positivos.

La meditación le dará a quien la practica muchos beneficiosvaliosos.Lo que puede decirse con certeza es que practicar la meditación en forma regular es una búsqueda que vale la pena.Es una búsqueda que le traerá muchos beneficios a su vida.Muchos beneficios para su salud física y mental.Y lo mejorará en general en muchos sentidos.

Como principiante en la meditación, debería entusiasmarse con la aventura de aprender más acerca de esta práctica.También debería estar sintiéndose optimista sobre los cambios positivos que traerá a su vida.

Por lo tanto, comencemos a trabajar en el primer capítulo.En este primer capítulo se verán los aspectos positivos de la meditación.

Esperamos que usted conseguirá lo mejor de este libro.¡Puede traerle muchos beneficios a su vida!

Capítulo Uno: Los Beneficios de la Meditación

Hay muchos beneficios de practicar la meditación.Pronto vamos a explicar los muchos beneficios que puede recibir de ella.Primero, sin embargo, vamos a decirle que no hay solo un beneficio lo que se obtiene de la práctica de la meditación, sino que más bien hay muchos.Antes de llegar a ellos debemos tan solodecirle que para obtener todos los beneficios de la meditación no es suficiente con hacerla una sola vez o hacerla esporádicamente.

En otras palabras, meditar solamente una vez o en forma no consistente no lo beneficiará mucho.Puede beneficiarlo a corto plazo.Será como cuando usted tiene un buen día y se siente feliz.Se sentirá muy bien ese día, pero esto no durará mucho.Para obtener todos los beneficios de la meditación lo que debe hacer es meditar con frecuencia.

Ahora, el hecho de que vaya a meditar con frecuencia no quiere decir que tenga quesentarse a meditar durante horas enteras.De hecho, los estudios demuestran que solo 10 minutos diarios pueden cambiar su vida.Según los estudios, si medita durante diez minutos diarios, puede lograr varios beneficios para su salud, tales como reducir sus niveles de estrés y aumentar su bienestar general.

Diez minutos diarios es algo que todos podemos hacer.Nadie está demasiado ocupado como para no poder reservar un espacio de diez minutos en su día.Si en realidad está pensando "No tengo tiempo para comprometerme a meditar diez minutos diarios", entonces lo que debe hacer es preparar una lista.

Revise cómo pasa todos los días incluyendo los fines de semana.Tal vez incluso ya tenga una lista de sus actividades o un diario sobre ellas.Pruebe y ajuste sus 10 minutos de meditación en una rutina.En otras palabras, pruebe y ajuste sus 10 minutos de meditación a la misma hora del día (o de la noche).Si hace esto, terminará haciéndolo en forma natural, sin tener que recordar en qué momento encajar la meditación en su rutina diaria.

Piénsenlo de esta forma.Cuando se despierta en la mañana usted tiene una rutina.Talvez lo hace en forma natural sin siquiera pensar en ello.Se levanta, se cepilla los dientes, se viste, desayuna etc.Ahora, si incluye diez minutos en la mañana para meditar, esto se convertirá en una rutina inconsciente y la seguirá automáticamente sin pensarlo.Por esto, es mejor hacer sus diez minutos de meditación apenas se despierta, o bien que sea lo último que haga antes de dormirse.

Al hacer que sus sesiones de meditación sean parte de su rutina se asegurará de practicarla diariamente durante diez minutos.De esta manera conseguirá todos los beneficios de la meditación.

Ha habido mucha investigación sobre los beneficios de la meditación.Una de esas actividades de investigación la llevó a cabo la Universidad de Harvard.La investigación de la Universidad de Harvard se centró en cómo la meditación influye en el cerebro.En nuestro cerebro.Los hallazgos de los científicos de esta universidad fueron sorprendentes.La investigación tuvo lugar durante un largo período de ocho semanas.Lo que los científicos descubrieron fue que, en solo ocho semanas, el cerebro reconstruye su materia gris.

Muchos de ustedes podrán no saber qué es la materia gris.Está bien, voy a explicarlo.La materia gris es lo que nos hace ser lo que somos.Es algo que es rico en creatividad.Pero la materia gris también es algo que hace que nos sintamos bien.La materia gris también es importante para una serie de cosas: nos da la opción de tener el control (autocontrol), y también es importante para nuestras emociones y sentidos.En otras palabras, mientras más materia gris tengamos en nuestro cerebro, más se enriquecerán nuestros sentidos y nuestras emociones.Y es por eso que nos sentimos tan eufóricos cuando meditamos. También nos da mayor autocontrol, que es un factor importante tanto en el aspecto moral como en el de la felicidad y en la dirección que hayamos escogido para nuestra vida.

Esto es lo que uno de los investigadores de la Escuela Médica de Harvard, Sara Lazar, dice sobre la materia gris y sobre los resultados de la investigación:

"Aunque la práctica de la meditación está asociada con una sensación de tranquilidad y relajación física, quienes la practican desde hace tiempo indican que la meditación les proporciona beneficios cognitivos y psicológicos que persisten durante todo el día. Este estudio demuestra que pueden estar ocurriendo cambios en la estructura del cerebro que serían la base de algunas de las mejoras reportadas, y que no es solamente que las personas se sientan bien porque hayan pasado un tiemporelajándose."

Lo que Lazar está diciendo es que quienes meditan y han venido diciendo que la meditación les proporciona los beneficios de la tranquilidad, tales como una mente más tranquila y más pacífica y la relajación física, así como la relajación y limpieza del cuerpo del estrés, están afirmando algo que es muy verdadero.Pero la meditación trae más beneficios que la sola tranquilidad de mente, cuerpo y alma.

Los beneficios pueden y son mucho más profundos que eso, ya que afecta la estructura de nuestra alma de manera positiva.La práctica constante y en forma regular de la meditación afecta y cambia nuestra psicología.Se trata de un hallazgo importantísimo. En lugar de que los médicos dependan de medicamentos para tratar algunas enfermedades psicológicas, deberían confiar en la meditación.Ya que no tiene efectos secundarios negativos y puede convertirse en un tratamiento para algunas enfermedades psicológicas, como la ansiedad.

La meditación es una forma natural y muy efectiva en cuanto a su costo para tratar la ansiedad.La meditación con consciencia plena (algo que trataremos más adelante) es una de las prácticas de meditación que pueden ser especialmente útiles.Las exploraciones con resonancia magnética han demostrado que la ansiedad de las personas disminuye después de ocho semanas de practicar la meditación con consciencia plena.Y que la ansiedad se reduce luego de ocho semanas de meditación con consciencia plena porque la meditación frecuente reduce la parte del cerebro que es más receptiva al temor y al miedo.

Por lo tanto, un beneficio claro de la meditación es que disminuye y elimina las presiones psicológicas.Estas presiones incluyen el miedo, el estrés y la ansiedad.Los beneficios de la meditación no están solamenterelacionados con problemas psicológicos; la meditación tiene muchos más beneficios que estos.

La meditación regular puede traer un beneficio general a su bienestar. La meditación regular favorece un estilo de vida saludable.La meditación fomenta un estilo de vida saludable ya que es una práctica que lo hace cuidarse así mismo.Algo así como montar en bicicleta, hacer yoga o participar en clases de baile.Es una forma activa de incrementar su bienestar general.

Cuando usted medita en forma activaaumenta su bienestar general porque está tomando medidas para mejorar al mismo tiempo su salud mental, su bienestar psicológico y su salud física.Para que tengamos una vida positiva (y por lo tanto un bienestar positivo), debemos cuidar nuestra salud física, nuestra salud psicológica y nuestra salud mental. Estas son las formas más elevadas del amor propio.

Cuando empiece a cuidarse a sí mismo a través de la meditación y comience a tratarse a sí mismo con amor y amabilidad, aumentará su bienestar general.

Esto es algo que lo animará a hacer cambios positivos en su vida.En parte porque si ha comenzado a meditar ya está tomando medidas (y acciones) positivas para hacer un cambio positivo en su vida.Esto es porque cuando empezamos a hacer cambios positivos en un área de nuestra vida nos motivamos a hacer cambios positivos en otras áreas.Se convierte en un efecto dominó.Quizás se pregunte ¿Cuáles son estos otros cambios positivos?

Los otros cambios positivos que ocurren en su vida pueden ser abundantes.Como que estará más consciente de lo que come y bebe.Estará más consciente de que el alimento y el líquido que pone dentro de su cuerpo afectan su bienestar general.Esto por lo tanto lo animará a comer cosas que tengan un impacto positivo en su cuerpo y en su mente, como comer más frutas y vegetales. Y menos cosas que tengan un impacto negativo en su cuerpo como chocolate o pasteles.Lo mismo puede decirse de los líquidos que pone dentro de su cuerpo.

Lo que bebemos tiene un efecto positivo o negativo en nuestro bienestar general.Por ejemplo, si bebemos cosas que son tóxicas para nuestros cuerpos como el café o el alcohol, ponemos estos líquidos dentro de nuestros cuerpos y dejamos que causen un impacto negativo en nuestras vidas.No nos sentiremos tan bien.Y como resultado nuestros cuerpos sufrirán un daño.Mientras que con la meditación frecuente se volverá más consciente de que lo que bebe tiene un impacto en su mente y en su cuerpo.Por lo tanto, esto lo motivará a beber cosas que sean mejores para usted, como el agua y los zumos de frutas.

Nuestro bienestar general se convertirá en más positivo cuando hagamos meditación, porque empezaremos a hacer cambios más positivos en nuestra vida diaria.Haremos esto porque llegaremos a ser más conscientes de nosotros mismos.

La conciencia de uno mismo es otro de los beneficios positivos de la meditación. Como la meditación nos obliga a mirar dentro de nosotros mismos, nos volvemos más conscientes de lo que sentimos, de nuestras emociones y de nuestros pensamientos.Y cuando nos volvemos más conscientes de nuestros sentimientos, pensamientos y emociones, podemos comprendernos mejor a nosotros mismos.A veces queremos culpar al mundo exterior por nuestras vidas, cuando a menudo puede ser algo que esté ocurriendo dentro de nosotros.Como la ira y el estrés.

Algunas personas se enojan muy rápidamente, o incluso hay otras que con cualquier cosa se estresan, mientras que otras no. ¿Por qué? ¿Es algo en su estructura biológica? Tal vez. Aunque es más probable que sea porque no tienen conciencia de sí mismos ni autocontrol.

Cuando meditamos con frecuencia, nos convertimos en personas con más control de nosotros mismos. En otras palabras, cuando meditamos tenemos más autocontrol que cuando no meditamos. La meditación lo es todo sobre el autocontrol. Es un acto que nos ayuda a estar más en control de nuestros pensamientos, a aquietar los pensamientos que no nos sirven o que parecen ser negativos. Se trata también de controlar nuestras emociones. Al concentrarnos en la respiración mientras meditamos, y al calmar nuestras emociones, nos convertimos en personas más en control de ellas.

Este arte de estar en control de nuestras emociones y de nuestros pensamientos es una de las claves de la felicidad humana. ¿Con qué frecuencia las emociones negativas y los pensamientos negativos nos han arruinado el día? Es más común que haya ocurrido a que no. A menudo las emociones negativas y los pensamientos negativos que tenemos son innecesarios y sin sentido. Por ejemplo, si derramamos la leche y nos enojamos por eso, ¿de qué nos sirve? Nos enfurecemos por algo que no podemos cambiar ni revertir. Y es algo por lo que no tiene sentido preocuparse.

O también podemos sentarnos todo el día a preocuparnos por una reunión o por una cita que vamos a tener al día siguiente. Creamos en nuestra mente temores que no existen – y arruinamos todo nuestro día. Y además no tiene sentido pues nos estamos preocupando por nada. Sabemos eso. Pero sin embargo lo hacemos. Sin darnos cuenta la reunión o la cita terminanrápidamente y los temores acerca de ellos resultaron ser mucho más aterradores de lo que fue el evento como tal.

El punto es que, cuando no tenemos auto-control nuestras vidas se vuelven aún más negativas. Y cuando nuestras vidas son más negativas, somos menos felices.

En general, con los cambios positivos que

puede traernos la meditación cuando la practicamos con regularidad, seremos más felices. La felicidad es algo que queremos todos los seres humanos en este planeta. Ninguno de nosotros quiere ser infeliz. Por lo tanto, si usted quiere aumentar su felicidad general, medite con regularidad.

Ahora que ya es consciente de los aspectos positivos de meditar con regularidad, vamos a mirar algunos de los mejores tipos de meditación que hay, y que se pueden practicar a diario. El primer tipo de meditación sobre el que va a leer es la meditación Zen.

Capítulo Dos: Cómo Hacer Meditación Zen

Uno de los tipos de meditación más populares y más conocidos es la meditación Zen.La meditación Zen proviene del budismo Zen.

¿Qué es el budismo Zen?

Cuando alguien piensa en la meditación y no está muy familiarizado con ella, seguramente está pensando en la meditación Zen. Esto porque la meditación Zen es el tipo de meditación en el que piensa la mayoría de la gente. Es el tipo y estilo clásico de la meditación.

La meditación Zen se centra en la postura del cuerpo. La postura del cuerpo es un enfoque importante en la meditación Zen. Seguramenteusted conoce la postura de la meditación Zen: la posición de loto. Como se dijo antes, esta es la imagen clásica de la meditación. La imagen de la meditación que probablemente tiene ahora mismo en su mente.

La posición de loto de la meditación Zen requiere que preferiblemente se siente en una cierta posición. ¿Cuál es? Es la posición en la que está uno sentado, muy probablemente en el piso, con las piernas cruzadas, la espalda recta plana como una plancha y las manos descansando enlas rodillas. Arriba de las rodillas.

Quienes practican la meditación Zen probablemente colocan sus manos en una de dos formas. O ponen las palmas de las manos hacia arriba, extendidas mirando al cielo, o presionan dos de sus dedos contra el pulgar de cada mano. Cualquiera de las dos es aceptable. Escoja la forma con la que se sienta más cómodo.

Ya que estamos hablando de comodidad, debemos decir que la posición de la meditación Zen podría no ser cómoda para todos. Esto no lo debe desanimar de practicar la meditación Zen. Más bien hay que decir que algunas personas pueden encontrar esta posición físicamente incómoda.

Algunas personas pueden encontrar la meditación Zen físicamente incómoda porque puede ejercer presión física sobre el cuerpo. La meditación Zen puede no ser tan exigente físicamente para muchas personas, pero puede ser físicamente exigente para algunas. Como para quienes tengan una discapacidad o estén sufriendo dolores físicos.

Dependiendo de la severidad de su discapacidad o de su dolor físico, usted todavía puede ser capaz de participar en la meditación Zen.Lo primero que debe hacer es consultar con su médico.Si su médico dice que puede hacerla y que está bien, tenemos algunos consejos para hacerla más cómoda.

Lo primero, tiene que hacer que su posición de meditación Zensea lo más cómoda posible.Para esto no se siente a hacerla en un suelo duro de maderao de concreto.Más bien siéntese en algo suave, que la haga más cómoda.Para buscar una posición más cómoda puede usar algunos cojines, una alfombra, o mejor aún usar una cama o un sofá donde apoyarse.

Esto es especialmente útil para las personas que tiene dolor en las piernas.Otro caso donde no se podrá hacer la meditación Zen es cuando se tiene dolor de espalda.La posición de loto es difícil para quienes tienen dolor de espalda, pues pone más presión en la espalda, e incluso puede hacer que su espaldale duela aún más.Una solución para esto es colocar la espalda contra la pared.La pared apoyará la espalda y tal vez así estará más cómodo y con menos dolor.

Ahora que hemos resuelto esto, hablemos sobre la meditación Zen.

Al meditar Zen, estará poniendo mucho énfasis en la postura física.Es allí donde se concentrará la mayor parte de su atención mientras practica este tipo de meditación.La razón por la cual la meditación Zen se centra en la postura física del cuerpo es porque se considera que esto crea estabilidad en su mente.Cuando estamos meditando Zen, lo que queremos hacer es aquietar la mente.Esa es su meta.

Se ha dado cuenta que hemos mencionado que la meditación Zen puede ser físicamente exigente. Hay una buena razón para esto — esta meditación quiere llamar la atenciónsobre la tensión que tenemos en nuestro cuerpo.

La tensión en nuestro cuerpo es algo que puede sorprenderle cuando practique la meditación Zen. Talvez no se haya dado cuenta cuanta tensión hay en su cuerpo hasta cuando empieza a meditar Zen.La meditación Zen le hace caer en cuenta de las zonas del cuerpo que tienen tensión.Esto es especialmente cierto si está iniciándose en la meditación Zen.

Es una buena idea que cuando medita de esta manera reconozca y tenga conciencia de quéáreas de su cuerpo están tensionadas.Si cae en cuenta de las áreas que le causan tensión, puede remediarlo.Podríaincluso preguntarse qué le está causando esas tensiones.Si puede, incluso escríbalo.Algunas de las causas a las que puede atribuirle la tensión son:

- ¿La causa el trabajo?
- ¿La causa mi relación sentimental/matrimonial?
- ¿La causa mi situación financiera?
- ¿La causa la zona en la que vivo?
- ¿La causami falta de sueño?
- ¿La causa mi falta de condición física?

A veces, si no hacemos ejercicio nuestro

cuerpo puede ponerse tieso y rígido. Por el contrario, si practicamos activamente en actividades de fitness, nuestros cuerpos se vuelven más flexibles y estaremos menos doloridos y menosrígidos.

La condiciónfísica es importante.Cuando no movemos nuestros cuerpos y no estamos activos, lo que pasa es que nuestra sangre no fluye bien en el cuerpo.La buena circulación sanguínea es importante para su cuerpo, puede evitar que se tenga dolores y molestias en su cuerpo.Por lo tanto, asegúrese de tratar de mantener un estilo de vida saludable mediante el ejercicio.Parte de su régimen de ejercicio puede ser la meditación – y para esto la meditación Zen es el mejor tipo de meditación.

Si es nuevo en la meditación Zen, puede no estar familiarizado de cómo practicarla.Vamos a decirle cómo meditar Zen.

En primer lugar, querrá conseguir una o varias almohadas.La idea es que usted quieraestar cómodo, porque si no tiene algo cómodo donde sentarse puede sentirse mal.Usted querrá sentarse en algo que sea suave, para que pueda tener la máxima comodidad.Sin embargo, tampoco es que sea indispensable usar almohadas. Hay otras cosas que puede usar, como un sofá, una cama o un colchón que son perfectamente aceptables.Use lo que lo haga sentir más cómodo.

Una vez que haya encontrado el apoyo suave que requiere, querrá ponerse en posición.En realidad, hay diferentes posiciones que puede ensayar (vamos a verlas).La posición más común para la meditación Zen es la posición de loto.Sin embargo, también hay diferentes posiciones de loto.No tiene que ensayar todas estas posiciones de meditación Zen.Una sola le servirá, si la usa en forma regular y consistente.¿Quiere saber qué posición Zen es la mejor?¿O más bien cuál es la mejor para su caso?Una vez más, esto depende totalmente de usted.

Una buena idea sería experimentar con varias posiciones de meditación Zen.Al decir experimentarlas queremos decir que sería una buena idea probar las diferentes posiciones Zen, y decidir cuál le funciona mejor.No tiene que probarlas todas al mismo tiempo – una tras otra – el mismo día.Más bien espacie su experimentación.Puede probar una diferente cada día si lo desea y si le parece demasiado para empezar, pruebe una nueva cada semana.

Cuando haga esto, su experimento, mantenga un diario de cómo le va con la prueba de los diferentes tipos de meditación Zen.Escriba cómo se siente con cada una.Tal vez quiera calificarlas del 1 al 10.Por ejemplo, escriba cómo le hizo sentir una particular posición de meditación Zen, calificándola del 1 al 10.Esto es una buena manera para ver qué posición de meditación Zen es la más beneficiosa para usted.

Compare cada tipo de posición de meditación Zen.Puede que ni siquiera necesite hacer esto, podría terminar sabiendo instintivamente cuál le resulta mejor.Sin embargo, podría ser que se perdiera entre los diferentes tipos de meditación, y que al final no recuerde cuál prefiere.Esto será especialmente cierto si hace el experimento de meditación Zen durante un período prolongado, de algunas semanas.

Los diferentes tipos de posiciones de meditación Zen se enumeran ahora, sin ningún orden especial.Puede tratar estos tipos de meditación Zen en cualquier orden que elija, no importa cuál.Solo trate de sacar el mayor provecho de una meditación tranquila.Así que aquí va, estos son los diferentes tipos de posiciones de meditación Zen.

1) El Loto Completo

El loto completo es la posición en la que coloca cada pie sobre el muslo opuesto.Por ejemplo, doblando la pierna derecha, coloque el pie derecho en la parte superior del muslo izquierdo.Lo mismo con el pie opuesto.Tome el pie izquierdo y colóquelo sobre el muslo derecho.

Esta es una posición fácil y simple.

Sin embargo, al comienzo la posición de loto completo puede ser una posición dolorosa.Si le duelen los muslos o las piernas con esta posición, entonces siéntese solo con las piernas cruzadas.Incluso para personas sanas, al comienzo la posición de loto podría ser incómoda.Sin embargo, a medida que practique más la posición de loto completo en su meditación Zense reducirá el nivel de incomodidad.

Después de colocar sus pies como se ha indicado, coloque las manos sobre las rodillas.La mano derecha sobre la rodilla derecha.La izquierda sobre la rodilla izquierda.

2) El Medio Loto

El siguiente tipo de práctica de la meditación Zen es el medio loto.La posición de medio loto es similar a la del loto completo.

Hay sin embargo una clara diferencia entre el medio loto y el loto completo, y es por eso que tienen nombres diferentes.La diferencia proviene de que es más fácil el medio loto, en comparación con el loto completo.El medio loto es más fácil que el loto completo.

Para la posición de medio loto siéntese en

la misma posición que para el loto completo.Siéntese en una posición cómoda y luego cruce las piernas – pero no una encima de la otra como en el loto completo, sino cruzándolas en la forma como normalmente cruza las piernas.Después de esto, ya tiene su posición para meditar.Solo coloque las manos sobre los muslos, o descansando sobre las rodillas, y medite así.

3) La Posición de Rodillas

La posición de rodillas es para los que no pueden cruzar las piernas o se sienten muy incómodoscruzándolas.La posición de rodillas es más sencilla y por lo tanto más fácil de recordar.Todo lo que tiene que hacer es arrodillarse en el piso.Asegúrese de que sus caderas estén apoyadas sobre los tobillos.

Y medite desde esa posición.

4) La Posición de la Silla

Meditar sentado en una silla es una excelente posición para quienes tienen alguna discapacidad, o que tienen dolor de espalda.

5) La Posición de Pie

Por último, tenemos la posición de pie.La posición de pie es probablemente la posición más difícil en la meditación Zen.Se requerirá mucha concentración y equilibrio.Similar a como se tiene con el yoga o con el ballet.

Quienes son nuevos en la meditación, o que no han hecho actividad física por un tiempo, deben comenzar esta posición poco a poco e irseejercitando gradualmente.La manera más fácil de empezar esta posición es levantando un pie ligeramente del suelo.Hasta aproximadamente el nivel del tobillo.Y presionando este pie ligeramente contra la otra pierna.A medida que progrese en la meditación, en unos días o semanas, trate de mover el pie un poco más arriba de la pierna, hasta que pueda llegar al nivel de la rodilla.

Un pie al nivel de la otra rodilla es la forma común de meditar en la Posición de Pie.No bloquee las rodillas.Y coloque las manos sobre el estómago, o si lo desea colóquelas juntas en posición de oración.

Es decir, uno de los pies estará en el suelo

mientras que el otro estará presionando la rodilla.No importa qué pierna decida levantar, tendrá el mismo efecto.Algo sobre esta posición, si resulta demasiado difícil o si encuentra que le causa dolor, deje de hacerla.Solo va a poner su cuerpo bajo más tensión y más dolor.

Si encuentra que esta posición con una pierna arriba no le funciona, entonces medite parado en ambos pies.¡Con esta posición todavía conseguirá los mismos grandes beneficios de la Posición de Pie!

Hay muchos grandes beneficios en el uso de la meditación Zen.Estos beneficios traerán muchas experiencias positivas a su vida.Y harán que su vida en general sea mucho mejor.Lo mejor de practicar la meditación Zen de forma frecuente es que no es que haya solo un beneficio de la práctica de la meditación Zen.Hay muchos beneficios de la meditación Zen.Vamos a analizar algunos de los muchos beneficios que recibirá al practicarla:

- Mejores relaciones con las personas de su vida
- Reducción del estrés y de la ansiedad

- Su mente se volverá cada vez más clara y más centrada
- Una mente más abierta y más tolerante
- Cada vez más amable y más compasivo
- Cada vez más feliz consigo mismo y con la vida
- Pensamiento positivo y control de sus pensamientos

Estas son solo algunas de las mejoras positivas que se producirán en su vida cuando empiece a meditar frecuentemente con el Zen. La meditación Zen es una de las formas más valiosas de la meditación que puede hacer. Y es una práctica altamente recomendada.

Capítulo Tres: Cómo Practicar la Meditación conConsciencia Plena

La meditación conconsciencia plena, también llamada meditación de atención plena, es otro tipo de meditación que se puede practicar.La consciencia plena o atención plena es una forma perfecta de meditación si quiere que su mente se centre en el momento presente, en lugar de enfocarse en el pasado o en el futuro.Usted probablemente está consciente de que en ocasiones su mente puede estar en cualquier parte menos en el presente.A veces se vive en el pasado con remordimientos y tristezas.En otros casos se vive con preocupaciones sobre el futuro, incluso si ese futuro es soloel día de mañana.

El objetivo de la meditación con consciencia plena es acabar con esto.La meditación con consciencia plena le impide andarse lamentando del pasado.Y le impide preocuparse por el futuro.Con la meditación con consciencia plena llevada a cabo con frecuencia, su centro de atención será el ahora.

La consciencia plena nos hace ser conscientes de lo que está sucediendo a nuestro alrededor en el momento actual.Es una práctica de meditación que intensifica nuestra consciencia, nuestras emociones y nuestros pensamientos.

Es sorprendente cuán poco podemos estar conscientes de lo que está sucediendo en este preciso instante.Trate por un momento de pensar acerca de cómo son sus pensamientos en su vida diaria.Trate ahora mismo de recordar en qué ha estado pensando durante el día de hoy.O, si está leyendo esto en la mañana, recuerde qué pensamientos tuvo ayer.Seguramente no será capaz de recordar cada pensamiento que tuvo, pero talvez recordaráaquellas cosas en las que ha estado pensando con más frecuencia.Estas cosas en las que ha estado pensando con más frecuencia son aquellas en donde con toda seguridad se encuentra su mente en este momento.

Así que, sea honesto consigo mismo, ¿dónde está enfocada su mente en este instante?¿Está enfocada en el momento presente?¿Más bien está pensando en lo que ya ha pasado?¿O talvez más bien se centra en el futuro que todavía no ha ocurrido?Si no está familiarizado con la meditación con consciencia plena, es probable entonces que sus pensamientos estén divididos entre pensar en el pasado y en el futuro.

Está bien invertir algo de tiempo pensando en el pasado o en el futuro.Sin embargo, usted no va a querer vivir en el pasado o en el futuro pues en ese caso se estará perdiendo los momentos presentes.Para obtener el máximo provecho de la vida y para aprovechar al máximo el momento presente – entrene su mente para concentrarse en el ahora.

Usted puede volverse más consciente del ahora practicando la meditación con consciencia plena.

Lo bueno de la meditación con consciencia plena es que cualquiera puede practicarla.No tiene que ser una persona religiosa, espiritual, ni jovenni estar en forma.Todo lo que necesita es la disposición de aprender y de practicar la meditación con consciencia plena.Es una meditación que es conveniente para todos. La buena noticia sobre la meditación con consciencia plena es que se puede practicar en cualquier lugar.Por lo tanto, si está realmente muy ocupado y tiene dificultades para encontrar un momento libre, o si quiere meditar de esta manera con frecuencia, es una meditación que puede hacerla en su escritorio en el trabajo, en la naturaleza mientras camina al aire libre, o mientras toma el transporte público.Sin embargo, hay ciertas precauciones al practicar la meditación con consciencia plena.Si la hace al aire libre no la haga caminando cerca de carreteras (o de cualquier otro lugar que podría ser peligroso).Nunca haga ningún tipo de meditación mientras está conduciendo, ni siquiera la de consciencia plena.Meditar mientras se conduce es peligroso, pues puede perder el control del vehículoo dormirse.Así que no lo haga.

Una vez aclarado esto, ¡aquí le muestro unas formas seguras de cómo podrá comenzar a disfrutar la meditación con consciencia plena!

Busque un tiempo

Lo primero que tiene que hacer para su sesión de meditación con consciencia plena es destinar algo de tiempo.Puede ser durante la primera hora de la mañana, o lo último que haga antes de irse a la cama.Puede ser en cualquier momento que lo desee.Al destinar un tiempo para su sesión de meditación con consciencia plena, asegúrese de que no será interrumpido.

Tome conciencia del momento presente

La clave para la meditación con consciencia plena es estar consciente del momento presente.Cuando se haya sentado en una posición cómoda, querrá estar más consciente del momento presente.

Esto porque la clave para la meditación con consciencia plena es estar consciente del momento presente, sin emitir juicios sobre sus pensamientos.Esto significa que no debe criticar los pensamientos que le vienen a la mente.Solo tome conciencia de ellos.Lo que quiere hacer es entrenar su mente para que se enfoque en el ahora, sin tratar de pensar.Esto no será fácil, por lo que requerirá algo de práctica.

Tome nota de sus pensamientos.

Al llegar a este punto usted querrá tener conciencia de sus pensamientos.Haga una nota mental de ellos.¿Qué está pensando?¿Cuáles son sus pensamientos predominantes?

No va a querer juzgar ni criticar estos pensamientos. Solo observarlos y no hacer nada acerca de ellos.Déjelos pasar.Concéntrese.

Vuelva al momento presente

Después de haber observado sus pensamientos sin criticarlos, lo que quiere hacer es volver al momento presente.

Este es todo el punto de la meditación con consciencia plena, llevar su mente al momento presente.Cuando entrene su mente para esto, se volverá una persona más tranquila y más centrada.Estará por lo tanto menos preocupado por lo que ha sucedido en el pasado y por lo que sucederá en el futuro.Lo que lo llevará a estar más consciente del momento reciente.Y a vivir en el momento presente.Esto le reducirá el estrés y lo hará más feliz.

Durante una sesión de meditación con consciencia plenadebe probar varias veces la meditación con consciencia plena. En primer lugar, esto quiere decir que debe dejar que le lleguen sus pensamientos sin criticarlos, y en segundo lugar que debeconcentrarse en el momento presente.De esto es de lo que se trata la meditación con consciencia plena.

Sea amable con usted mismo

El último punto de la meditación con consciencia plena es que debe ser amable consigo mismo.No se critique por los pensamientos que tenga.Por el contrario, deje que los pensamientos corran por su mente y a continuación vuelva a concentrarse.Haga un recorrido por su mente y luego vuelva calmadamente a concentrarse en el presente.Hágalo todo el tiempo que quiera.Mientras más veces lo haga, más silenciará pensamientos no deseados y tomará más control de sus pensamientos.

La meditación con consciencia plena tiene

muchos grandes beneficios.Si usted es una persona que quiere controlar sus pensamientos, o quiere centrarse más en vivir en el momento presente, entonces la meditación con consciencia plena es su tipo de meditación.

Sin embargo, si quiere controlar sus pensamientos de otra manera, por ejemplo,si no quiere simplemente silenciar sus pensamientos sino más bien desea controlarlosactivamente, entonces hay otro tipo de meditación para usted.Este tipo de meditación requiere controlar sus pensamientos a través de afirmaciones, y se llama meditación trascendental.

Capítulo Cuatro: Cómo Utilizar la Meditación Trascendental

La meditación trascendental es un tipo de meditación más bien moderno.Comenzó a practicarse en el siglo XX.

La meditación trascendental se inició a mediados del siglo XX en la década de 1950 por un hombre llamado Maharishi Mahesh Yogi.Su tipo de meditación se conocía como el movimiento de meditación trascendental.El movimiento de meditación trascendental divulgó y promovió activamente la meditación trascendental a lo largo de la década de 1950.

Sin embargo, a pesar de que la meditación trascendental tiene sus raíces en la década de 1950, no fue sino hasta más tarde que se hizo muy popular.En las siguientes dos décadas, durante los años 1960 y 1970 la meditación trascendental creció en popularidad.¡Hizo su marca en el mundo!

Al llegar el siglo XXI, la meditación trascendental se hizo aún más popular.Al llegar el siglo XXI la meditación trascendental llegó a millones de personas.Y sigue creciendo hasta el día de hoy.

La meditación trascendental es una de las formas de meditación más populares y extendidas que se utilizan hoy en día.Esto en parte podría deberse a que hay muchos practicantes famosos de la meditación trascendental. Pareciera como que todas estrellas de Hollywood y las estrellas de la música practicaran la meditación trascendental.Algunos de los rostros más famosos de la meditación trascendental son Katy Perry, Russell Brand y Jennifer Aniston.Estas personas famosas son en parte la razón por la que la meditación trascendental se ha convertido en una forma muy popular de meditación.

Pero esta no es la única razón. La principal razón de la popularidad de la meditación trascendental es debido a sus positivos y duraderos efectos.Hay muchas razones beneficiosas para practicar la meditación trascendental.Aquí vamos a enumerar algunos de sus beneficios.Y estos resultados positivos son la razón por la que debe practicarla hoy.

La meditación trascendental puede ser especialmente útil para aquellos que tienen problemas de salud.Los problemas de salud para cuya curación la meditación trascendental resulta más útil son los problemas de salud relacionados con problemas psicológicos.O problemas de salud mental.Este tipo de meditación puede eliminar o reducir significativamente los siguientes problemas psicológicos y de salud mental:

- Ansiedad
- Estrés
- Y, presión arterial alta

Siestá buscando una forma de meditación que sea útil para resolver un problema de salud, principalmente si es de carácter psicológico o mental, entonces la meditación trascendental es ese tipo de meditación.Solo tiene que consultar primero con su médico y asegurarse de que está bien. Probablemente estará bien.

Este tipo de meditación no solo es bueno para quienes sufren de problemas psicológicos y mentales. La meditación trascendental es una gran forma de meditación para todos.Quizás se preguntará ¿qué beneficios puedo obtener de este tipo de meditación?Hay muchos beneficios que puede recibir meditando así.Vamos a ver algunos de ellos.

Uno de los beneficios que recibirá a través de la meditación trascendental es que tendrá una vida más relajada y más pacífica.Como la meditación trascendental busca reducir los niveles de estrés, la ansiedad y la presión arterial alta, el resultado es que usted estará más calmado y más relajado.Cuando en la vida uno se calmale suceden dos cosas.Primero se convertirá en alguien mucho más contento con la vida.

En segundo lugar, como está más contento con la vida se convertirá en alguien mucho más feliz.Por lo tanto, un beneficio positivo que recibirá a través de esta forma de meditación es que se convertirá en alguien mucho más feliz.Un segundo beneficio de esta meditación es que tendrá paz interior.Una de las razones por las que tendrá paz interior es porque se sentirá menos estresado, menos ansioso y más feliz.Son estas pequeñas cosas las que pueden redundar en su nivel de felicidad general.Su mente y su cuerpo se volverán más asentados.Libres de influencias negativas.

El tercer y último beneficio positivo de esta meditación es un aumento en los niveles creativos.En otras palabras, usted se volverá más creativo si practica frecuentemente la meditación trascendental.Tal vez parezca ser el tipo de meditación preferido por actores y cantantes por igual.Por lo tanto, si es usted una persona creativa o quiere serlo, practique esta forma de meditación.

Ahora vamos a mostrarte cómo puede meditar trascendental.

Estos son los pasos que puede seguir:

Reserve el tiempo

Tendrá que reservar un tiempo que destinará para su sesión de meditación.La meditación trascendental requiere que medite un poco más de tiempo que con la mayoría de las otras formas de meditación.Con la mayoría de las meditaciones, usted puede practicarlas en unos diez minutos.Con este tipo de meditación es preferible meditar entre 15 y 20 minutos.

Póngase cómodo

A continuación, siéntese en una posición cómoda.A diferencia de algunas formas de meditación, como la meditación Zen, no esindispensable estar sentado.Sin embargo, si quiere se puede sentar.

Respire

Respire hondo, antes de cerrar los ojos. Ahora va a estar más relajado al concentrarse en su respiración.Y respirando despacio.

Mantra

Cualquiera que sea su mantra, va a repetirlo lentamente.Asegúrese de que su mantra no sea muy largo.Una frase debería ser suficiente para su mantra.Si quiere un ejemplo de lo que debe ser su mantra, aquí tiene algunos ejemplos:

"Estoy feliz y realizado en la vida."

"Soy una persona compasiva."

"Soy una persona amable."

"Soy completamente amado.Y amo totalmente a otras personas."

Usted puede utilizar una de estas afirmaciones, o utilizar la suya propia.No hay afirmaciones correctas o incorrectas.Usted querrá utilizar afirmaciones para las áreas de su vida que desee mejorar.Digamos que usted quiere mejorar sus niveles de confianza, utilice una afirmación que fomente la confianza.Digamos que quiere ser más artístico en la vida, como un gran cantante, artista o actor, use sus afirmaciones para crear esto.

Probablemente con estos ejemplos ya tiene una idea de cómo puede usar afirmaciones a su favor.Puede usar afirmaciones para mejorar cualquier área de su vida.

Sienta el mantra

Cuando recite el mantra que ha escogido, querrá recordar una cosa y esto es sentir el mantra.Sentir el mantra es una parte importante de la meditación trascendental, porque hace que la meditación sea más efectiva.

Por ejemplo, si su mantra elegido es tener más confianza, entonces querrá querer sentirse más confiado.Y así sucesivamente con cualquier otro mantra que elija.

Tiempo

Haga esta sesión de meditación durante unos 15 a 20 minutos.Esto debería ser suficiente para que pueda cosechar todos los beneficios de la meditación.

Trate de hacer con frecuencia su sesión de meditación.Cuanto más lo haga, más efectiva e influyente será su meditación.Una vez al día es la frecuencia ideal para su meditación.

Estos son los pasos simples que puede seguir para su sesión de meditación trascendental.La meditación trascendental es un tipo de meditación fácil de practicar.También es una forma de meditación que vale la pena hacerla.Puesto que recibirá una gran cantidad de muchos cambios beneficiosos con esta meditación.Recibirá cambios notables, que mejorarán su vida para mejor.¡Pruébela!

Capítulo Cinco: Cómo Practicar la Meditación por la Paz

Para muchos de ustedes, practicar la meditación será para encontrar paz en sus vidas. Encontrar la paz en la vida puede lograrse de muchas formas.

Una forma como podemos alcanzar la paz interior es a través de nuestros pensamientos. Nuestros pensamientos pueden o bien traernos paz o traernos problemas. Gran parte del nivel de paz de nuestras vidas puede provenir de nuestros pensamientos.¿Cuáles son sus pensamientos repetidos?¿Cómo le hacen sentir?¿Lo hacen sentir en paz?

Una vez que se haya fijado qué tan en paz está su mente, puede comenzar a practicar una forma de vida más pacífica. Para tener una vida más pacífica que esté en gran parte ayudada por sus pensamientos, querrá tener pensamientos que encuentre pacíficos y que sean pensamientos de paz.

Cuando tenemos pensamientos pacíficos, tenemos una mente en paz. Y cuando tenemos una mente en paz, tenemos una perspectiva pacífica de la vida. Nos lleva a estar más contentos y más felices con la vida.

Hay varias maneras como puede encontrar más paz a través de la meditación.También otra manera de encontrar más paz a través de la meditación es la de entrenar su mente para que logre estar tranquila y en paz.Que la mente esté más tranquila quiere decir que debe dejar de pensar ydetener todos sus pensamientos.Al principio tratar de hacerlo será muy difícil.Y requerirá mucho esfuerzo.Sin embargo, con un poco de esfuerzo logrará tener una mente más en paz a través de calmar su mente.

¿Podría preguntarse cómo puede calmar su mente durante la meditación para alcanzar la paz?Los pensamientos estarán corriendo por su cabeza.La práctica hace al maestro.Cuando se concentra en no pensar en nada, o trata de controlar sus pensamientos programando pensamientos nuevos, más positivos, tendrá una vida más positiva.También aumentará su bienestar.

Al aumentar su bienestar, se hará más

saludable.No es solo su mente la que se hará más saludable, sino que su cuerpo se hará también más saludable.Cuando tenga una mente feliz, tendrá un cuerpo sano.Cuando tenga un cuerpo sano muchas enfermedades pueden desaparecer, tales como la ansiedad, el estrés y la depresión.Puede que no siempre sea la "cura", pero se sabe que ha ayudado mucho a las personas que sufren estas condiciones.

Para lograr la máxima paz a través de la meditación, salga, vaya afuera.Cuando salga puede recibir mucha más paz.Esto se debe a que la naturaleza tiene propiedades naturales de curación.Se ha demostrado que estar en la naturaleza puede llegar a ser mucho más beneficioso para su salud.Si elige meditar fuera obtendrá el doble del efecto positivo.

Ya sea que elija meditar para la paz en el exterior o en el interior, lo que querrá encontrar primero es un lugar que sea tranquilo.Encontrar un lugar tranquilo es el paso más importante para conseguir un estado pacífico.El siguiente paso es asegurarse de que no lo interrumpan. Para el máximo efecto usted querrá conseguir un tiempo y un lugar donde sabe que no lo interrumpirán.

Capítulo Seis: Cómo Practicar la Meditación para Aliviar el Estrés

En este capítulo, vamos a revisarla meditación para aliviar el estrés.La meditación puede ser muy importante para aliviar el estrés. Puede incluso ser una herramienta muy eficaz para eliminarlo.

¿Qué es el estrés?

Decimos que tenemos estrés cuando sentimos tensiones o presiones en nuestras vidas.Esta tensión o presión puede estar presente en nuestras mentes, a través de nuestros pensamientos y emociones.O el estrés que tenemos puede manifestarse en nuestro cuerpo – en sus emociones, o a través de dolores y molestias.

Es muy común en la sociedad actual que las personassufran de estrés en su vida diaria.Este puede venir de muchas fuentes.La presión de una sociedad acelerada.La vida moderna no es lenta, se mueve a un ritmo muy rápido.Esto puede llevar a que las personas desarrollen estrés en su vida cotidiana.Sin embargo, hay diferencias notables entre los niveles de estrés de quienes viven en las grandes ciudades y los que viven en zonas más rurales.Las zonas rurales tienen un ritmo más lento que las grandes ciudades – son menos ruidosas y están menos ocupadas – esto lleva a que la gente se sienta mucho menos estresada.Además, en las zonas rurales hay mucha más naturaleza: árboles, bosques y verdor.Cuando las personas están rodeadas de naturaleza se sienten mucho menos estresadas.

La imagen es muy diferente en las ciudades.Las ciudades son muy agitadas, ocupadas, y con entornos mucho más duros y hostiles, no solo para los animales, sino también para las personas.Si vive en una ciudad hay una buena posibilidad de que esta vida en la ciudad le cause estrés.Es probable que esto le suceda a la mayoría de ustedes, ya que la mayor parte de las personas viven hoy en día en zonas urbanas.

Para controlar sus niveles de estrés primero tendrá que entender qué los está causando.Si entiende lo que está causando sus niveles de estrés, puede reducirlo e incluso eliminarlo.Entonces, ¿cómo puede averiguar qué está causando sus niveles de estrés?Tome papel y lápiz.

Ahora, con papel y lápizen mano, quiero que piense en su vida.Quiero que piense en todas esas cosas en las que puede pensar, que día a día le causan estrés.Es mediante la comprensión de lo que le causa estrés diariamente, que podrá ayudarse a reducir y a curar su estrés.

No importa lo que le venga a la mente cuando piense en lo que le causa estrés, escríbalo.Aunque piense que es insignificante, escríbalo.Incluso si es algo que no querría admitirlo a sí mismo o a otros, escríbalo.El último punto es muy importante, algunas veces noqueremos ser honestos con nosotros mismos o con la gente que nos rodea.Por ejemplo, su matrimonio le causa estrés, pero no quiere admitirlo a sí mismo, o a su pareja, o incluso a su familia y amigos.A veces evitamos las cosas, porque son una realidad dolorosa.

Sin embargo, es una realidad mucho más dolorosa pretender ante sí mismo y ante los demás que nada está mal.A largo plazo duele más.Y también a largo plazo perjudica a todos los demás.Lidiar con cosas como el estrés cuando ocurren, es una buena manera de manejar estas cosas antes de que se salgan de control.

Ahora que sabe que ser honesto consigo mismo es muy importante para curar sus niveles de estrés, tendrá que hacer algo en la práctica.No es suficiente saber qué le están causando estrés, también es importante elsaber ¿por qué esto me causa estrés?Sólo usted sabe por qué algo en particular le está causando estrés.Por ejemplo, digamos que tiene un trabajo que es muy estresante. Una cosa es admitir que su trabajo es estresante.Otra cosa, sin embargo, es saber por qué ese trabajo le resulta estresante.

Hay una buena probabilidad de que tenga muy clara la razón por la que su trabajo le causa estrés.Y depende de usted qué debe hacer al respecto.Recuerde siempre que su salud y su bienestar y los de otras personas a su alrededor son mucho más importantes que un trabajo.Primero y principal cuídese y cuide a quienes están a su alrededor.

Por otra parte, si no tiene claras las razones por las que su trabajo le está causando estrés, entonces tal vez es la hora de hacer un examen de conciencia.Si por ejemplo no tiene clara la razón por la que su trabajo le produce estrés,le parece que no es porque el trabajo sea muy exigente o porque tenga un mal jefe, entonces tal vez haya más de una razón para pensar que talvez está en el trabajo equivocado.Si este es el caso, debe seriamente pensar en tratar de cambiar de trabajo.Recuerde que pasamos la mayor parte de nuestras vidas en el trabajo, y la vida es demasiado corta – busque algo que lo haga feliz, si ese es el caso, y eso lo hará sentir menos estresado.

Ahora que hemos analizado cómo puede ocurrir el estrés en nuestras vidas cotidianas, vamos a ver cómo la meditación puede reducirlo.

Una de las mejores formas de reducir el estrés a través de la meditación es con la respuesta de relajación.Se conoce como respuesta de relajación cuando usted se enfoca en su respiración – simplemente controlando su respiración haciéndola más lenta.Comience concentrándose en su respiración.Mientras hace esto no piense en más nada.Mientras se concentra en su respiración, verá cómo se va calmando.Cuanto más se concentre en su respiración, más y más se tranquilizará.

Luego que se concentre en su respiración durante unos minutos, lo que querrá hacer es concentrarse en su sentido del olfato.Centrarse en sus sentidos es una forma importante de reducir el estrés, ya que lo alivia.

En este punto, para enfocarse en sus sentidos, querrá enfocarse específicamente en el sentido del olfato.Esto desviará su atención a lo que sea que esté oliendo en ese momento y a relajarse.Una buena manera de hacer esto es sostener una taza de café y olerla, relajándose mientras lo hace.O bien, sostenga una flor y huélala, relajándose mientras lo hace.¿Se da cuenta que cuando hace estas cosas, se vuelve más calmado y más concentrado?Es que en ese momento su estrés se está reduciendo.

Ahora, concéntrese en el momento presente en lugar de en el pasado.No piense en nada.Busque algo que esté delante suyo, un objeto que no se pueda mover, para que pueda mantener la atención en él (un objeto movible puede irse lejos, por lo que es mejor elegir un objeto fijo).Un objeto ideal sería algo así como un árbol.

Cuando haya elegido su árbol (u otro objeto fijo), concentre allí su atención.Esto le ayudará a mantener supresencia en el momento actual.Cuando haya elegido su objeto, pase algún tiempo simplemente mirándolo, observándolo y enfocándose en él.Trate de no pensar en otra cosa.No querrá que su mente se concentre en el pasado ni se enfoque en el futuro.Si tiene que pensar en algo, intente pensar en algo del presente.Sin embargo, la mejor manera de sacar el máximo provecho de esto esno pensar en nada.Solo piense en el árbol.Mire cómo se va sintiendo más calmado.Esto reducirá sus niveles de estrés.

La siguiente técnica que puede ensayar en la meditación para el alivio y la reducción del estrés es la de concentrarse en una escena que le traiga paz.Para esto será necesario que cierre los ojos y medite.Usted querrá hacerlo sentado en unas almohadas cómodas, o, tal vez incluso sentado en un banco en el parque.Una vez que haya encontrado un lugar ideal para la meditación, querrá cerrar los ojos.

A medida que cierre los ojos, querrá ahora concentrarse en algo que le traiga paz.Visualice algo que lo asocie con la paz.Puede ser cualquier cosa que le traiga paz.¿Qué le trae paz?¿Qué lo hace sentir tranquilo?Qué tal si visualiza una caída de agua.O se concentra en un prado tranquilo y soleado, con mariposas volando alrededor.Estos son ejemplos de cómo puede lograr una meditación pacífica.Sin embargo, estas no son las únicas formas como puede lograr la virtualización pacífica.

Capítulo Siete: Cómo Practicar la Meditación para la Felicidad

En el último capítulo de este libro, vamos a ver la meditación para la felicidad. Hasta ahora ha mirado cómo puede usar la meditación para la paz. También ha analizado cómo puede usarla para aliviar el estrés y para calmar la ansiedad. Ahora, va a ver lo mejor que la meditación regular le puede traer a su vida: la felicidad.

Antes de ver cómo la meditación puede traerle felicidad a su vida, primero queremos hablar de ¿Qué es la felicidad?, ¿Qué nos hace felices?

En muchos sentidos, la felicidad puede ser una experiencia muy subjetiva. Experimentamos felicidad a través de las cosas que disfrutamos, o de las personas que nos hacen felices. Pero, las cosas que le traen alegría o la gente que lo hace feliz, no son necesariamente las cosas que le llevan alegría a otras personas o las mismas personas que le llevan felicidad a otros. A menudo se encuentra que las fuentes externas de felicidad son únicas para cada individuo. La fuente u origen de lo que lo hace a usted feliz, probablemente no es lo mismo para otras personas.

Además, no siempre la felicidad proviene de fuentes externas. De hecho, nuestra felicidad a menudo se origina dentro de nosotros mismos. En otras palabras, nuestros niveles de felicidad están determinados por lo dispuestos que estamos dentro de nosotros a hacernos a nosotros mismos felices. Esto es algo a donde vamos a llegar en un minuto. Pero primero, queremos volver a las cosas que nos hacen felices fuera de nosotros mismos. Hacer esto es importante, porque va a enseñarnos que la felicidad de fuentes externas no es permanente.

Quiero que piense en las cosas externas que lo han hecho feliz en el pasado. Puede ser cualquier cosa, desde posesiones materiales hasta personas.

Mencionemos primero las posesiones materiales. Probablemente esté familiarizado con la experiencia de lo que se siente cuando uno desea muchísimo alguna cosa. Quizá sea un nuevo televisor, quizá un vestido, talvez un auto nuevo o una casa nueva.Ahora, piense en cuánto deseaba estas cosas antes de comprarlas.Probablemente pensó que si las tuviera sería feliz para siempre, ¿verdad?

La siguiente etapa es lo que siente cuando obtiene esta nueva posesión material y se convierte en una novedad.Está realmente muy contento con ella.Sin embargo, esto no dura, no es permanente.Dentro de unos meses talvez estará aburrido de su nueva posesión y sus ojos vagarán hacia otro lugar.Comenzará a querer otro nuevo juguetico reluciente.

La idea de llamarle la atención sobre esto esque con frecuencia consideramos que lo que nos hará felices serán las posesiones materiales.Hasta cierto punto esto es cierto.Por un tiempo estas cosas nos hacen felices.

Pero esto no dura.Pronto nos aburrimos y de nuevo estamos inquietos y queremos otra posesión material para hacernos felices.A través de los medios de comunicación estamos condicionados a pensar que, si tenemos las últimas posesiones materiales seremos felices y realizados.La verdad es que esto no va a suceder.Porque nada puede traernos felicidad duradera, excepto nosotros mismos.

Por otra parte, no solo estamos condicionados a creer que las posesiones materiales nos harán felices. A menudo estamos condicionados a creer que solo seremos felices a través de otras personas.Esto parece ser especialmente cierto en la forma como vemos las relaciones románticas.Parece que pensamos que si no tenemos alguien que nos ame,es que somos indignos o que no podemos ser felices.La verdad es que la mayoría de las relaciones románticas van y vienen, lo que significa que no podemos poner nuestra felicidad a los pies de esta otra persona.Para empezar, no es justo con ellos.Y, por otra parte, si y cuando esta persona se va de nuestras vidas, se irátambién la felicidad.

En la vida, la relación más larga que tendrá es la relación que tiene consigo mismo.Por lo tanto, la relación que tiene consigo mismo se convierte en la relación más importante que tiene y que jamás tendrá.No busque su felicidad fuera de usted mismo, ya sea con personas o con cosas, porque solo son relaciones temporales y a largo plazo solo le traerán decepciones.En su lugar, busque la felicidad dentro de sí mismo.Y eso es algo que la meditación puede traerle.

La siguiente pregunta que se hará es, ¿Cómo puedo encontrar felicidad a través de la meditación? Buena pregunta.Ahora vamos a ver cómo puede encontrar felicidad a través de la meditación.Esta felicidad que recibe a través de la meditación puede venir naturalmente.

La meditación diaria aumentará su felicidad y le traerá felicidad.Para que esta felicidad sea duradera, tendrá que comprometerse con la meditación.Al comprometerse con la meditación, esto significa que usted tendrá que verla como una parte importante y cotidiana de su vida.Puesto que esa es la única manera como debe usted tomar la meditación.Por lo tanto, el primer objetivo para encontrar la felicidad a través de la meditación es, para que sea una parte importante y regular de su vida – que la practiquetodos los días.

Estaal principio puede parecer una orden difícil, pero no lo es.Piense en ella como una inversión.Es una inversión en su nivel de felicidad.La forma en que usamos nuestro tiempo es una inversión.En lugar de invertir tiempo en la televisión, trate de usar ese tiempo de forma más constructiva y utilícelo para la meditación.

Una gran forma de meditar para lograr la felicidad es la Meditación de la Bondad Amorosa, también llamada del Amor Amable.Probablemente esté pensando que la meditación de la amabilidad amorosa tiene que ver más con el amor y con la bondad que con la felicidad.Sin embargo, cuando expresamos amor y bondad, nos convertimos en una persona más feliz dentro de nosotros mismos, más felices con los demás y más felices en la vida.

Para practicar la meditación de la bondad

amorosa, querría que le destinara 15 minutos del día.Realmente no importa a qué hora del día, la que mejor se adapte a su horario está bien.Probablemente sea mejor que establezca un tiempo designado que pueda recordar, que pueda convertirse en una rutina, para que recuerde que debe meditar.Cuando haga esto, póngase en una posición cómoda.

Estos son los pasos a seguir para practicar la meditación de bondad amorosa:

Encuentre un lugar

Encuentre un lugar y póngase cómodo.Debería encontrar un lugar donde sepa que no será interrumpido.Así que, si tiene una casa con mucha actividad busque el momento cuando la casa vaya a estar tranquila.Tal vez usted puede hacer esto cuando los niños estén en la escuela o su pareja haya salido a trabajar.Usted sabrá cuando su casa está tranquila y cuando está ocupada, programe su tiempo cuando esté tranquila.

De esa manera, no lo interrumpirán.Y podrá centrar toda su atención en la meditación.

Cierre los ojos

A continuación, tendrá que cerrar los ojos.Antes de empezar a meditar, solo siéntese unos minutos con los ojos cerrados.Haga esto para que pueda acostumbrarse a su posición de meditación.

Le tomará unos minutos para que su mente se asiente.Aunque, a lo largo de la meditación su mente siempre puede divagar.No sea duro consigo mismo cuando esto suceda.Traiga su mente suavemente de regreso a donde estaba y continúe meditando.

Posición sentada

La posición en la que debería estar es donde pueda estar sentado cómodamente en una silla.Ya que va a estar sentado allí durante unos diez a quince minutos, asegúrese de sentarse en un cojín y tener otro un cojín detrás, así no se sentirá incómodo mientras medita.

Mientras esté sentado en su silla, asegúrese de que su espalda esté recta, sentándose derecho.Debe tratar de hacer esto cada vez que medita, porque así evitará estar encorvado, lo que podría ocasionarle dolores y molestias.A continuación, asegúrese de que ambos pies estén firmemente en el suelo.

Relájese

El siguiente paso es tomar unos minutos para relajar todo el cuerpo.Trate de liberar esa tensión interior que tiene.Baje los hombros para que no los tenga encorvados.

Trate de sentir la ligereza de su cuerpo.Apunte a sentirse liviano.Cuando empiece a sentirse liviano, en lugar de pesado y tenso, sabrá que está en el marco mental correcto para pasar al siguiente paso.

Visualización

Una vez que esté en una posición en la que esté relajado, es hora de empezar a visualizar. Sus ojos aún estarán cerrados. A lo largo de todos estos pasos y hasta este momento, sus ojos deben estar cerrados.

Mientras está visualizando, querrá internalizar su conciencia y lentamente comenzar a respirar, inhalando y expirando.Comience lentamente a respirar a lo largo de la visualización.No se preocupe si se concentra en la visualización y deja de concentrarse en la respiración.Una vez que recuerde comience de nuevo a inhalar y expirar lentamente.Suavemente y con calma.

El tipo de visualización que hará es muy específico, a diferencia de otras formas de meditación.Esto se debe a que en este caso su objetivo se centra enel amor, la bondad y la felicidad.Por esto, su visualización deberá centrarse en el amor, la bondad y la felicidad.

Trate de llevar a cabo su visualización en tres pasos, esto le dará una felicidad completa.

El primer paso en el que querrá enfocarse es en la visualización, concentrándose en el amor.No hay una forma correcta o equivocada de concentrarse en el amor, así que no se preocupe por esto.En su lugar, hágalo personal.Cuanto más personal sea su visualización del amor, más amoroso se sentirá.Y esto lo hará más feliz. Aquí algunos consejos sobre en qué pensar cuando lo haga:

- Concéntrese en la gente en su vida.Amigos y familiares.
- Concéntrese en pasar tiempo con sus amigos.Disfrútelo.
- Céntrese en pasar tiempo con su familiaDisfrútelo.
- Céntrese en pasar tiempo en la naturaleza.Disfrútelo.
- Mientras visualiza la naturaleza, imagine que siente en su rostro el calor del sol.
- Envíele amor también al mundo.Envíele amor a todos.
- Envíe amor a sí mismo y concéntrese en amarse a sí mismo.

Estas son solo algunas de las ideas que puede usar para su visualización del amor, como parte de su Meditación de la Bondad Amorosa.Cuando empiece a hacer esto, debería sentir más amor. Más amor por sí mismo.Más amor por otras personas.Y más amor por el mundo que lo rodea.Como resultado, esto debería hacerlo sentir más feliz.

Lo siguiente que querrá hacer es concentrarse en la bondad.Visualícese

siendo más amable.Aquí algunos consejos sobre cómo hacer esto:
- Concéntrese en verse amable con otras personas
- Concéntreseen sentirse y ser amable consigo mismo
- Concéntrese en sentirse y ser amable con los animales
- Concéntrese en sentirse amable y ser amable con el mundo

Cualquiera de estas cosas, o todas ellas, le ayudarán a sentirte más amable. También le ayudarán a sentirse más compasivo, y como resultado a ser más compasivo.Esto a su vez le hará sentirse más feliz con el mundo y más feliz consigo mismo.

La parte final y última de la meditación de la bondad amorosa es visualizarse así mismo siendo feliz.Ahora, en este punto querrá concentrarse en sentirte feliz dentro de sí mismo.No se concentre en qué lo hace feliz o quién lo hace feliz.Para lograr la felicidad general y duradera querrá concentrarse en sentirte feliz dentro de sí mismo.

Trate de enfocarse en ser feliz.Haga esto

mientras se ve a sí mismo sentado afuera en la naturaleza.Puede ser fuera frente a un árbol, o frente a un rio enfrente suyo.Escuche cómo fluye el hermoso río.Escuche cómo cantan los pájaros, una hermosa experiencia.Y allí, mientras usted mantiene esa visualización, concéntrese en sentirse feliz.Concéntrese en ser feliz.

Esto puede durar todo el tiempo que quiera.Mientras más tiempo lo haga mayoresserán sus beneficios.Cuanto más tiempo lo haga, más feliz se sentirá y más feliz será.Se estará entrenando para confiar en sí mismo para su felicidad.Se está entrenando para aprender que usted es el responsable de su propia felicidad.

Después de que haya completado los tres pasos, puede salir lentamente de su meditación.¡Después de esto debería sentirte increíbles!

Hay un punto más que mencionar sobre esta forma de meditación, y es que mientras practica estas visualizaciones internamente,puede hacer afirmaciones positivas sobre sí mismo o sobre otros.Esto no es un requisito. Si quiere concentrarse solo en las visualizaciones sin las afirmaciones, hágalo. Seguirá obteniendo beneficios gratificantes.

Haga lo que lo sienta cómodo.La clave de la meditación es asegurarse de que se sienta cómodo con la meditación.Eso también le traerá felicidad.

Si practica con frecuencia la meditación de la bondad amorosa, debería ver cómo se convierte en una personamás feliz y más contento con la vida.

La meditación es una gran fuente de felicidad.Usted se sorprenderá de lo feliz que se va a sentir después de haber meditado.Realmente es una inversión que vale la pena, y que cada vez transformará su vida para que sea mejor.

Conclusión

En conclusión, la meditación es una práctica antigua que se remonta a tiempos antes de Cristo.Los primeros orígenes conocidos de la meditación provienen de antes de Cristo.Aunque no sabemos la fecha exacta en que se inició por primera vez, sabemos que es probable que se practicara antes del 410 a.C. al 490 a.C.Esta es probablemente la época alrededor de la cual se formó la meditación, aunque no podemos estar completamente seguros.

Las fechas 410 a.C. a 490 a.C. corresponden a cuando vivía el Buda.Las fechas exactas de su nacimiento y su vida no son realmente conocidas – es algo disputado tanto por los teólogos como por los historiadores.

Los orígenes iniciales de la meditación probablemente se asocian a la religión del budismo, o el hinduismo.Ambas religiones datan de antes de Cristo.Y hay evidencias de que ambas religiones practicaban la meditación desde esas fechas remotas.Por lo tanto, parece muy probable que la meditación tenga sus raíces en la religión y en las prácticas religiosas.

Sin embargo, para practicar la meditación no hay que ser religioso ni espiritual.Para meditar, tampoco hay que pertenecer a las religiones del budismo odel hinduismo.De hecho, la meditación se ha convertido en una actividad más bien secular que practican todas las personas, especialmente en el mundo occidental.La mayoría de las personas que meditan en el mundo occidental no practican ninguna religión en particular.Ellos meditan por decisión propia.

Bien sea que medite por su propia iniciativa, o como parte de una religión o práctica espiritual, de todas formas puede obtener todos los beneficios de la meditación.Estos beneficios positivos de la meditación han sido estudiados desde hace muchos años por los científicos.En los últimos años la comunidad científica ha estudiado mucho la meditación.Y han encontrado que lo que las antiguas religiones del budismo y el hinduismo han venido diciendo acerca de la meditación, es de hecho cierto.Más aún, lo que es asombroso es que los hallazgos de los científicos sobre la meditación han demostrado que los eruditos antiguos más bien subestimaron los beneficios de la meditación.

Dicho de otra forma, los científicos han encontrado que la meditación proporciona muchos más beneficios quelos que hasta ahora pensaba la gente que traía.

Usted puede meditar para recibir plenamente estos beneficios positivos de la meditación.Un error común es creer quepara recibir los beneficios de la meditaciónhay que meditar diariamente durante horas.Esto no es cierto.Todo lo que tiene que hacer para recibir los beneficios completos de la meditación es practicarla durante unos diez minutos diarios.Esto es algo que todos podemos hacer.Nadie está demasiado ocupado para no poder encajar en su vida diez minutos diariosde meditación.

Y lo mejor que hay que hacer es que su meditaciónforme parte de su rutina.Así no la olvidará.Los mejores momentos para encajar la meditación en su día es o bien temprano en la mañana, que sea lo primero que haga cuando se despierta, o, tarde en la noche antes de irse a la cama.

Va a encontrar que recibirá muchos beneficios de sus sesiones diarias de meditación.Estos incluyen: más autocontrol, más autoconsciencia, mayor bienestar general y mayor felicidad general.Bastaque emplee diez minutos diarios todos los días, y esto hará que su vida en general sea mejor.Cambiará su vida a una más positiva y optimista.

Como usted lo ha visto a través de la lectura de este libro, hay varios tipos de meditación.El primer tipo de práctica de meditación que leyó fue la meditación Zen. La meditación Zen es el estilo clásico de la meditación.Cuando practiquemos la meditación Zen, normalmente lo haremos en la posición de loto.La posición de loto es en la que se sienta con las piernas cruzadas, los brazos hacia fuera y descansando en sus piernas.Su espalda estará recta.Y su enfoque principal estará en su postura y su respiración.Trate de sentarselo más cómodo posible mientras esté en esa posición.Para eso use unos cojines (o una almohada Zen).Siéntese sobre ellos mientras medita.

Nos centramos en la meditación Zen primero, porque en mi opinión es el mejor tipo de meditación que hay.Con la práctica de la meditación Zen usted recibirá muchos y muy grandes beneficios.

Elija el tipo de meditación que más le convenga.El tipo de meditación del que saque el máximo provecho.Al hacer esto, practique su estilo de meditación elegido de forma frecuente.Esto se debe a que, cuando practica la meditación de forma regular, obtendrá el máximo provecho de ella.Mientras que, si usted solo hace la meditación esporádicamente, no recibirá beneficios de larga duración.

Muchas áreas de la vida se ven afectadas positivamente por el acto de la meditación, incluyendo la consciencia plena, el manejo del estrés, la salud física, la creatividad, la reducción de la ansiedad, el enfoque, el manejo de sus relaciones, y la capacidad de resolución de problemas y la visión general de la vida.

Otra forma de meditación que se le anima a practicar es, por ejemplo, la meditación de consciencia plena.En la meditación con consciencia plena, como en la meditación Zen, se trata de controlar sus pensamientos.

La meditación con consciencia plena, sin embargo, a la hora de controlar sus pensamientos adopta un enfoque diferente al de la meditación Zen.Con la meditación con consciencia plena hay dos formas principales comonos enfocamos para controlar nuestros pensamientos.La primera forma de controlar los pensamientos con la meditación con consciencia plena es observar sus pensamientos, pero dejarlos ir.

Al decir dejarlos ir queremos decir que solamente nos limitaremos a observar nuestros pensamientos sin emitir juicios sobre ellos.Los dejaremos pasar sin criticarnos ni juzgarnos a nosotros mismos.Al hacer esto aprenderá que sus pensamientos no son su propio ser, sino elementos separados de usted, pero que al mismo tiempo también puede controlarlos.Otra forma de controlar sus pensamientos es aprendiendo a estar más centrado en el ahora.Regrese todo el tiempo al momento presenteEste es el segundo paso.

Al aprender a estar más centrado en el ahora, usted se vuelve más consciente del momento presente.Esto le impide preocuparse por el futuro, o inquietarse por el pasado.Al hacerlo se convertirá en una personamás feliz, más contenta y menos estresada.Comenzará a vivir el momento y a sacar el máximo provecho de la vida, en lugar de que su mente viva en otro lugar (en el pasado o en el futuro).

La siguiente forma de meditación que leyó fue la meditación trascendental.La meditación trascendental es una forma de meditación muy valiosa y agradable.Busca trabajar con el uso de afirmaciones para hacer su vida mucho mejor, más proactiva y más agradable.

La forma sencilla de hacer la meditación trascendental es usando sus propias afirmaciones.Si lo desea, puede repetir las afirmaciones de este libro, o encontrar algunas en Internet.El problema al hacerlo de esta forma es que resulta algo impersonal y por lo tanto menos eficaz.Por esto es mejor usar sus propias afirmaciones y al ser creativo con ellas obtendrá el máximo provecho, porque usted las has creado y por lo tanto las disfruta más y en general funcionan mejor.

Uno de los principales objetivos de la meditación es crear paz en su vida cotidiana.Crear paz significa que usted se liberará de laspreocupaciones ydel miedo y esto lo llevará a la creación de una vida más feliz y más satisfactoria.

Una de las principales formas de lograr la paz es mediante el control de sus pensamientos a través de la meditación.Controlar sus pensamientos a través de la meditación significa que,o bien usted silenciará su mente por completo, o que controlará sus pensamientos.De cualquiera de las dosmaneras, estaes una forma efectiva de crear paz en su vida.Y crear paz en su vida lo llevará a ser más saludable y más feliz.

Si está buscando meditar, es muy probable

que lo que esté haciendo para gozar de una vida en paz.Tener una vida pacífica requiere que haga varias cosas.Requiere que tome el control.Y requiere que se concentre en controlar sus pensamientos, controlar sus emociones y controlar su vida.

La meditación es una gran manera de controlar sus pensamientos, controlar sus emociones y controlar su vida, practicando la meditación en forma regular.

Hay varias formascomo puede meditar para alcanzar la paz.Una de ellas es calmándose y comenzando a concentrarse en su respiración.Al centrarse en su respiración comenzará a verse más libre de estrés, menos tenso y menos ansioso, porque va a respirar más pausadamente.Haga esto unas cuantas veces, o tantas veces como sea necesario hasta que se sienta calmado y centrado.A medida que se sienta calmado y centrado, se sentirá más feliz y más tranquilo.

Lograr mayor felicidad también puede venir de la meditación de visualización.La visualización es una manera fácil de volverse más feliz y de reducir el estrés.No requiere mucho esfuerzo, y es mucho más simple que otras formas de meditación.La visualización solamente requiere que se concentre en algo que encuentreque le da paz.Como por ejemplo concentrarse en una cascada o en una llanura tranquila.

Lo último que vimos en este libro, pero no menos importante, es que vimos cómo se puede usar la meditación para la felicidad.

La felicidad es una de las mejores razones para practicar la meditación a diario.No hay una sola persona en el mundo que no quiera ser feliz, todos queremos serlo.Y, – si le dedica tiempo, la meditación puede traer esa felicidad a su vida.

Dedicarle tiempo a la meditación es como hacer una inversión.La verdad es que todo en su vida es una inversión.Su trabajo es una inversión.Sus relaciones son inversión.Y cómo pasa su tiempo es una inversión.Si quiere lograr en su vida un beneficio positivo y estimulante, pruebeentonces la meditación.La meditación es la opción más positiva y más edificante que puede escoger parasu vida.Es algo que cambiará completamente su vida para algo mejor.Y es algo que hará aumentar sus niveles de felicidad.

La mejor manera de ser feliz con la meditación es a través de un tipo de meditación llamado la Meditación de la Bondad Amorosa.La Meditación de la Bondad Amorosa no solo se enfoca en ser más cariñoso y bondadoso, sino que también es un tipo de meditación que se enfoca en ser más feliz consigo mismo y con los demás.Hay tres pasos para completar esto.

¡De nuevo gracias por descargar este libro!
Espero que este libro haya sido capaz de ayudarle. El siguiente paso es comenzar a implementar en su vida las ideas que ha leído en este libro, y aprovechar los beneficios que ha conseguido a través de ellas.

¡Gracias y buena suerte!

Parte 2

INTRODUCCIÓN

Sigmond Freud, psicólogo estadounidense del siglo XVIII, sostenía que la mente humana es similar a la máquina de vapor de la revolución industrial, poderosa y consistente hasta que se alcanza la capacidad máxima y, como una avalancha, la eficiencia disminuye constantemente a medida que aumenta. A la mente le resulta difícil procesar la información de manera eficiente y, finalmente, enviar una señal roja al cerebro, que a su vez instruye a las señales fisiológicas para que comiencen a descansar.

Naturalmente, el descanso predeterminado para el cuerpo humano es el sueño, durante el cual las actividades de la mayor parte del cuerpo se reducen o se detienen, entonces el sistema bioquímico y fisiológico comienza a renovar y reparar los recursos agotados. Pero la investigación ha demostrado que la voluntad de dormir tiene un efecto limitado en la reconfiguración de la mente a su eficiencia predeterminada debido a actividades subconscientes que continúan afectándola en forma de sueño y pesadillas, esto implica que la mente está sujeta a una función lineal con una función no proporcional de descanso. Por lo tanto, la mente debe contar con medios alternativos de descanso para garantizar la longevidad de la eficiencia de la regularidad.

Destacados psicólogos como Jon Kabat-zinn, Narenda Modi, Alexander C.N, entre otros, proponen un medio consciente y monitoreado con la máxima concentración como caminar en solitario, música en solitario y meditación. Entre los que la meditación es acogida de manera más extendida en el mundo antiguo y moderno.

La meditación es única por su capacidad de coordinar el estado consciente y subconsciente de la mente humana con la máxima concentración mientras se involucra al cuerpo en la coordinación preprogramada. Las actividades bioquímicas del cuerpo también están en proceso mejoradas debido a la respiración controlada y efectiva. Esto hace de la meditación un campo importante que el ser humano debería explorar para mejorar el bienestar mental y físico, con una mejora subsecuente en la coordinación social.

MEDITACIÓN

La meditación puede considerarse simplemente como una actividad o práctica devota en la que un individuo se enfoca en una entidad u objeto en particular, aunque normalmente se trata de actividades religiosas con la máxima concentración para lograr un estado mental emocionalmente claro.

Extensamente, la meditación es una práctica religiosa o psicológica común entre la sociedad hindú, buddhi y juddai que involucra un estado corporal inmóvil o armónico durante el cual se controla la respiración en profundidad, todo para proporcionar a la mente un medio monopolizado y concentrado para reflexionar y descansar. La meditación es el resultado de un estado mental relativamente tranquilo. La meditación a menudo se mejora con actividades secundarias como el canto y la música suave.

Psicológicamente, la meditación es la práctica de desviar la atención a un único punto de referencia con un enfoque en la sensación corporal y alejar la atención de los pensamientos que distraen y centrarse en el momento presente. Más aún, el yoga se ha meditado como un paso llamado Dhyana, que es un medio por el cual los humanos alcanzan la proximidad espiritual y mental a través de un conjunto de acciones mentales definidas. La meditación es como una familia de prácticas de regulación que se centran en capacitar la atención y la concientización para llevar el proceso mental a un mayor control voluntario y, por lo tanto, fomentar el bienestar y el desarrollo mental en general. Roger Walsh y Shauna Shapiro se refieren a la meditación como el encuentro de la disciplina meditativa y la psicología occidental.

CONTEXTO HISTÓRICO DE MEDITACIÓN

La práctica de la meditación se remonta al mundo antiguo que surge de la filosofía de las religiones asiáticas.

Budismo: la religión popular china de los primeros siglos consideró la meditación como un pasaje de liberación a la mente humana. La filosofía fue ampliamente aceptada por los seguidores del budismo debido a la relativa tranquilidad y la sensación de asilamiento que se experimenta a través de la meditación. La investigación demuestra que la meditación budista fue influenciada por la cultura externa, por lo tanto, la religión reclama el origen de la meditación.

Aunque es el padre fundador de la religión, se sabe que Buda se ausentaba mucho de la sociedad y se retiraba a un lugar aislado con la intención de tener tiempo libre para explorar y reflejar la mente. La meditación no fue ampliamente aceptada hasta después de su muerte y posterior modificación por parte del líder de la religión. Por el contrario, otros líderes de la religión argumentan que la práctica de la meditación es original y no adulterada como lo es del mismo Buda, en cualquier caso, el terreno común es que es más probable que la meditación se origine en la antigua dinastía china.

Un artículo publicado por la Asociación Budista de América de hombres jóvenes afirma que lo opuesto a la sabiduría es la ignorancia. Prajna (un tema de la sabiduría) ilumina la ilusión, es decir, la ignorancia hasta que la ignorancia se desvanece y la mente vuelve a su propia naturaleza o pureza. A Prajna se le ha descrito como una entidad mental a la que solo se puede llegar a través de la meditación. Esto da la idea de que la meditación se asume contra la ignorancia en el budismo.

Islam: La religión islámica que surgió en Oriente Medio alrededor del siglo VI tiene una práctica importante de Dhirk (traducida literalmente como recuerdo) que está bien representada en nuestras definiciones de meditación. Los meditadores de la religión islámica (musulmán) que observan su Dhirk a menudo se sientan aislados o se agrupan generalmente en la mezquita, con orientación hacia el norte geográfico a un estimado de 6. Luego recita los 99 nombres de Alá (los 99 adjetivos se atribuyen a la ser divino en el Islam) en voz relativamente baja, aislada o uniformemente, es una voz armónica de grupo. Durante este proceso, se cree que el musulmán tiene una mayor conexión y audiencia con el ser Todopoderoso (Alá).

El sufismo, una secta islámica que surgió alrededor del siglo XII tiene entre su práctica, una técnica meditativa específica durante la cual los seguidores se involucraron en el control, respiraron con frecuencia y con los ojos cerrados, la recitación de la palabra espiritual sigue en secuencia repetitiva hasta que se alcanza un estado de conciencia limitada del entorno inmediato. Esto es considerado por la secta como un medio absoluto de limpiar y mejorar la conexión con el ser divino.

Cristianismo: Una hipótesis no autorizada afirma que, debido a la influencia del sufismo en el este, se involucran en una práctica de Hesychasm generalmente entre los griegos, durante el cual los meditadores se retiran a la Montaña Regional en grupos y recitan la oración de Jesús con un estado mental meditativo.

Contrariamente a la técnica de la meditación cristiana oriental, la meditación occidental se realiza por medio de la recitación de la Biblia por lo general entre los monjes. Esto comenzó alrededor del siglo VI en el Imperio Romano. Filósofos religiosos como San Ignacio hicieron modificaciones adicionales en la meditación cristiana occidental al involucrar al seguidor en una breve sesión de reflexión sobre los versículos de las Escrituras. Actualmente se está realizando una modificación continua en la meditación cristiana desde el siglo pasado por un prominente líder de la religión protestante.

Hindismo: El principio de la meditación es bastante secular como práctica en la India y otros países con hinduismo. Aunque la meditación hindú secular se introdujo a principios de 1950, rápidamente obtuvo adeptos en Europa del Este y América debido a su énfasis en el autodesarrollo y la reducción del estrés. También condujo al estudio de la implicación científica de la meditación a acaparar la atención.

En la India, los seguidores a menudo se retiran al monte Himalaya durante días de extensa meditación con la creencia de alcanzar un estado mental puro. El crecimiento de la peregrinación a la montaña espiritual en la India por parte de extranjeros en notable. Esto coloca a la meditación orientada al hinduismo como la de más rápido crecimiento en el mundo moderno.

Judaísmo: La práctica de la meditación está bien proclamada en su Cabalá. Otras religiones que practican vívidamente la meditación son:

>Confucionismo

>Taoísmo

Se ha demostrado hasta ahora que la contribución de la religión al desarrollo de la meditación como práctica no puede exagerarse. La consistencia de la meditación durante el milenio ha golpeado la curiosidad de la ciencia. En la década de 1970, se realizaron muchas investigaciones científicas que eventualmente llevaron al descubrimiento de las inmensas ventajas de la meditación en la mente y el cuerpo humanos y la subsiguiente implicación de la sociedad.

TIPOS DE MEDITACIÓN

La influencia de la religión y la espiritualidad en la meditación ha generado una diversidad distintiva en las filosofías de la meditación. Por lo tanto, conduce a tipos de meditación con cada uno teniendo características distintas. Las principales divisiones se discuten más adelante.

Meditación por concentración: A menudo es considerado como lo esencial de toda forma de meditación. Requiere la convergencia del enfoque en un objeto particular del pensamiento. La mente está entrenada para concentrar sus actividades en una sola entidad sin divergencias o distracciones con respecto a cualquier otro pensamiento, sin importar cuán similares o relacionados estén. A diferencia de otro tipo de meditación, la meditación concentrada no implica necesariamente la trascendencia de la mente a la subconsciencia, solo requiere la retirada de ese entorno y sujeto mental a un objeto particular o la nada. Esto permite que la mente esté calmada y sea constructiva en la exploración del pensamiento elegido.

Este tipo de meditación a menudo mejora la resolución de problemas y la comprensión del problema con una distracción mínima y un tiempo relativamente corto. También afecta positivamente la capacidad del cerebro para procesar información con menos estrés, se sabe que los estrategas han adoptado ampliamente esta forma de meditación. Algunas técnicas de la meditación por concentración son la meditación Zen, la Meditación Trascendental y la meditación Chakra

Meditación reflectiva: el nombre implica que es una forma de pensamiento disciplinado que involucró el análisis completo de los objetos del pensamiento. Se elige un tema y las reflexiones se enfocan en el tema mediante el uso de preguntas analíticas que sirven para investigar y comprender los fundamentos y la profundidad del tema elegido para evitar la distracción, pero se puede comparar y contrastar categóricamente el tema.

Estimula la revolución y el poder de decisión transformador con la mejora humana con mayor convicción y fuerza para cambiar el curso de la vida. Las herramientas analíticas que se utilizan a menudo en la meditación reflexiva son preguntas adverbiales como por qué, cómo, quién, cuándo, entre otras.

Meditación de plenitud mental: Es la forma más espiritual de la meditación. Se enfoca en mejorar la capacidad del ser humano para estar consciente de las cosas que están ocurriendo en su entorno físico y mental inmediato. Su objetivo es mejorar la calma del final reduciendo la ansiedad.

Este tipo de meditación puede abarcar diferentes objetos de pensamiento sin pensamiento conflictivo, además la mente puede estar en blanco con un enfoque en la respiración. Requiere un tiempo de práctica más prolongado, generalmente de 15 minutos como mínimo, y no es necesario que los ojos estén cerrados en la posición elegida. Pensando en la práctica de la atención plena, los humanos desarrollan y fortalecen el aspecto natural de su mente. Un ejemplo cercano es en Dhirk islámico.

Meditación centrada en el corazón: A menudo recomendada para personas hostiles, la meditación centrada en el corazón implica el cambio y la concentración del enfoque hacia las actividades adeudadas del corazón. Se cree que ayuda a reducir el miedo y la tristeza, y el reemplazo mejora la amabilidad y la compasión. Esta técnica de meditación abre y elimina cualquier forma de energía negativa.

Los meditadores estarán en estado de silencio absoluto con respiración regulada y profunda. Luego, su atención se centra gradualmente en el latido del corazón con la pasión de hacer que el latido abarque todo el cuerpo del pensamiento. La mente luego comenzará a explorar bellas ideas en ritmo con la pulsación del corazón que parece una música. Este tipo de meditación es prominente en instituciones de salud y organizaciones de rehabilitación. También se afirma que la meditación centrada en el corazón ayuda a conectar el corazón de dos individuos que tienen la misma presencia para sindicalizar su pensamiento.

Meditación creativa: También conocida como visualización, la meditación creativa es un tipo de meditación completamente consciente durante el cual el ser humano puede cultivar y fortalecer diferentes formas de salud. Se enfoca principalmente en la construcción y ejecución de cualidades conscientes que ayudan a mejorar el bienestar general, tales cualidades pueden incluir audacia y compasión. Esta forma de meditación no necesita necesariamente una posición corporal estipulada y es completamente consciente del entorno inmediato con respuesta comunicativa al entorno.

BENEFICIOS DE LA MEDITACIÓN

El efecto de la meditación en humanos no puede ser enfatizado en toda la coordinación de las actividades diarias del ser humano. Algunos de los beneficios han sido conocidos por los meditadores tan pronto como el surgimiento de la meditación en el mundo antiguo, pero aparentemente muchos de los beneficios se centran en el apogeo del siglo pasado. Explorando el componente distintivo del ser humano, clasificaremos los beneficios de la siguiente manera,

Psicológicamente: la mente, como es generalmente aceptada en el mundo de la psicología, tiene un papel muy importante en el bienestar total del ser humano. Ya que se cree que la mente abarca emociones, sentimientos y percepciones entre otros, se torna evidente que cualquier influencia en la mente tendrá una consecuencia directa en los parámetros enumerados.

Ivan Pavlov, el psicólogo ruso del siglo XX realizó varios experimentos de ansiedad y la influencia que la mente tiene sobre ello, concluyó a partir de inferencias que el estado de la mente se refleja directamente en la reacción de quien lo padece a los eventos en su entorno. Un encuentro nervioso previo puede provocar un sentimiento de malestar mental y desagradable. Por lo tanto, la mente se refresca mejor después de haber sido estresada antes de exponerla a otro tema, para minimizar la proyección y la ambigüedad emocional.

También se conoce que la capacidad cognitiva humana se desgasta drásticamente, ya que simultáneamente procesa eventos que resultan en debilidad de la memoria al almacenar información. Las investigaciones muestran que esto solo puede ser rectificado por la realineación de la mente.

Hasta ahora, tanto la renovación como la realineación de la mente se logran mediante un estado de relajación física y consciente, que está completamente contenida por la meditación.

Fisiológicamente: científicamente, la fatiga del organismo se ha atribuido a la concentración de CO_2 en la sangre que resulta de la continua descomposición de las ingestas químicas para dar energía. El cerebro interpreta el aumento de CO_2 y con una serie de mecanismos que reducen el suministro de oxígeno al cerebro, y luego aparecen la somnolencia, la falta de atención y la baja productividad, esto suele persistir y empeorar hasta que todo el cuerpo está sujeto a la relajación, generalmente informa del sueño. Pero las circunstancias surgen cuando hay un tiempo limitado para dedicar el descanso, en este caso, una meditación oportuna y frecuente entre largas horas de trabajo relajará nuestro cuerpo y reabastecerá nuestra mente para mantener la productividad.

Un estudio en la Universidad de Harvard muestra que provocar la respuesta de relajación corporal podría afectar positivamente a nuestros genes en poco tiempo. Además, se demostró que el meditador a largo plazo a menudo ha aumentado el volumen de materia gris en la corteza orbitofrontal derecha y en la región del hipotálamo del cerebro, que también es responsable de la regulación emocional.

Espiritualmente: evidentemente, el origen de la meditación en diferentes entornos culturales ha demostrado que está más motivado espiritualmente que cualquier otro. Esto implica que los beneficios espirituales de la meditación son los factores principales que vinculan a las sociedades más importantes.

Las personas a menudo alcanzan el estado de creer en la pureza mental, en el sentimiento de seguridad emocional y en la explicación de acciones cuando practican la religión. Las investigaciones han demostrado que los meditadores de la religión son menos propensos a sufrir retrasos o trastornos nerviosos debido a la supuesta conexión con el ser divino. Los psicólogos han demostrado el efecto que la espiritualidad tiene en la manera en que las personas manejan una gran decepción en la vida, mientras que algunas personas la atribuyen a una prueba divina. Y esto, evidentemente, ha ayudado al humano a alcanzar y disfrutar el beneficio anterior.

Chanaky, el filósofo indio del siglo III observó que "La espiritualidad es el escape que tiene el hombre ala agobiante realidad".

Socialmente: Sigmund Freud teorizó que el ser humano es un animal agresivo muy interesado en proyectar en su sociedad en busca de respeto y honor. A menudo ajusta su comportamiento para atraer a una parte más grande de la sociedad, al menos externamente. Se sabía que los comportamientos como la ira, la violencia y la baja capacidad mental eran antagonistas del hombre para alcanzar el estado social deseado. Se han adoptado varias acciones para deshacerse o suprimir los comportamientos antagónicos.

Entre las acciones generalmente efectivas se encuentra el reflejo de los esfuerzos a través de la meditación reflexiva. Se ha demostrado ampliamente que esto ayudó a los individuos a mejorar su coordinación social y, en consecuencia, a obtener el resultado social deseado.

Este y otros beneficios de meditación mencionados hasta ahora han colocado a la meditación como una práctica importante en varios aspectos de la vida humana.

Antes de meditar

Convicción: la meditación es una práctica que abarca la mente y el cuerpo de quienes la practican. Por lo tanto, la total aceptación y creencia en la capacidad de alivio de la práctica debe ser del mayor interés para los meditadores, ya que la meditación bajo presión o la pretensión eventualmente no producirá satisfacción. Los meditadores deben construir una relación positiva hacia la meditación, esto ayudará a aumentar nuestra expectativa y posteriormente promoverá la satisfacción derivada de la meditación.

Entorno: este es un factor importante para considerar en todas las formas de meditación, aunque se sabe que algunas meditaciones son aptas para todas las formas naturales y, el entorno es el más efectivo para todas las formas de acción, el ruido y otras distracciones físicas son importantes factores antagónicos que tienden a interrumpir la conexión entre la mente y el entorno. (Temperatura)

Tiempo: la meditación se puede practicar en todo momento. Una vez que el factor anterior ha sido atendido. Pero es preferible que la meditación sea practicada en horas tempranas del día para evitar el trabajo y, por último, cuando las actividades se hayan reducido y la atmósfera haya recuperado su tranquilidad. Un estudio en la Universidad de Yale revela que el momento más efectivo de la meditación es entre el alba y el amanecer total, y cuando el día se ha transformado completamente de la oscuridad a la luz.

Cuerpo: También es importante tener en cuenta el estado del cuerpo antes de embarcarse en la meditación. La comodidad corporal no debe ser pasada por alto por el meditador, por lo tanto, se recomienda usar una prenda suelta o moderadamente ajustada para evitar calambres y molestias durante la meditación, que pueden distraer la mente en su estado de transformación. Además, un baño frío es bueno para mantener la temperatura corporal en un rango considerable y para aliviar el cuerpo de actividades extenuantes que podría haber hecho antes.

Debido a que el cuerpo es el primer pasaje hacia la mente, no debe mantenerse en el estado de incomodidad para garantizar una conexión adecuada entre las dos entidades. Este es el principal factor de meditación

Alimentación: el tipo de alimentación que se ingiere antes de la meditación tiene un efecto considerable en la eficacia de la meditación, ya que el hambre ocupará la mente por completo durante cualquier acción, ya sea la meditación o no. Luego se aconseja que el meditador debe consumir alimentos o, al menos, evitar el hambre. El cereal liviano o la fruta con suficiente agua son la mejor opción para consumir una o dos horas antes de la meditación para mantener el cuerpo fresco y, con ello, se dirige más atención a la mente, el principal objetivo de la acción. Se sabe que las comidas pesadas causan una gran incomodidad al cuerpo y el sueño inducido en la etapa temprana de la meditación que claramente no será de ayuda.

TÉCNICAS DE MEDITACIÓN

La preferencia personal es el principal determinante del tipo de técnica que un individuo elige en la meditación. El estado mental actual a menudo influye en la elección. Lo importante es que cada técnica tiene un resultado distintivo que puede no ser proporcionado por otra técnica de igual intensidad. Aquí se tratará una comprensión y una compilación modificada de técnicas modernas y antiguas. Con un marco para ayudar a comprender cómo se puede utilizar cada técnica y ayudar a las personas a elegir la opción correspondiente.

Meditación caminando: El trabajo de muchas personas los ha sometido a una posición estática, por lo general sentado o parado con varias operaciones con la mano que a menudo son tareas mentales. Las largas horas en una posición inducirán diferentes formas de estrés posicional con un impulso creciente para moverse y descansar la mano y el cerebro. Este conjunto de individuos está mejor con la meditación caminando entre horas de trabajo que pueden practicarse individualmente o en pareja, esto ayudará en el manejo de la energía emocional abrumadora que sienten los meditadores en su trabajo.

La meditación caminando se realiza mejor al aire libre, de manera aconsejable en el césped corto o en el suelo de piedra si está disponible. El meditador debe evitar cualquier calzado y hacer contacto directo entre los pies y el suelo, esto no solo aliviará los dedos sino que también asegurará la conducción del exceso de calor corporal a la tierra. Cuando el pie está plano en el suelo, el dedo del pie apunta hacia atrás. Sentirá la suela del pie y se puede sentir un cosquilleo sensorial, luego se asume una posición vertical con la mano metida en el bolsillo del pantalón o se sujeta detrás del cuerpo en estilo chino. Un par de respiraciones profundas hacia dentro y fuera se realiza antes de que los primeros pasos se realicen suavemente a un ritmo promedio de dos pies.

La caminata continúa y se debe hacer un esfuerzo para hacer que la caminata siga el ritmo de la respiración. La atención del meditador volverá suavemente a los pies. Las ideas que distraen usualmente del trabajo divagan en la mente. Se debe poner más atención en el equilibrio y la respiración para ayudar a nuestra mente a deshacerse de los pensamientos perturbadores, a que la mente comience a relajarse, y con la mano guardada firmemente en el bolsillo. Los meditadores a largo plazo a menudo informan la sensación de ver su respiración, lo que demuestra cuán efectiva puede ser la meditación caminando para aislar la mente de los pensamientos y proyectar el enfoque en la presencia.

En el caso de una la meditación caminando en pareja, el individuo puede participar en una charla cordial que sería muy diferente de los temas de trabajo. Dicha conversación no debe explorar la parte negativa del tema elegido, la conversación debe ser ligera.

Meditación sentada: Una vez que se ha

asegurado la comodidad general en términos de vestimenta y ambiente, la comodidad es una guía necesaria en esta técnica de meditación. Así como el dolor debe estar bien distanciado. El exceso de comodidad también afectará la práctica, por lo tanto, la postura de cada parte del cuerpo debe anotarse y ajustarse para dar la máxima concentración.

La posición de sentado común se asume con los glúteos colocados en un cojín blando. Las piernas se colocan en posición de loto por completo, semi loto o en silla.

Semi loto: aunque sentarse en semi loto no proporcionará una forma de base de trípode porque el peso se concentra solo en una rodilla y la pierna opuesta permanece relativamente relajada, es una técnica recomendada para los principiantes. Se recomienda alternar entre ambas piernas para aliviar las piernas el par de vez en cuando durante el transcurso de la meditación. También debe reservarse tiempo para fortalecer suavemente los músculos de las caderas y la ingle, y esto debe hacerse con cuidado para evitar la tensión muscular. El semi loto sentado requiere que la pierna izquierda se coloque sobre el muslo derecho o la pierna derecha sobre el muslo izquierdo y que se alivie el músculo cuando el dolor y la incomodidad son evidentes. Además, en la posición de loto se apoya con la mano para que la parte superior del cuerpo esté en posición vertical.

Loto completo: Es una posición común entre los expertos y los meditadores de larga data. El cuerpo se convierte en un trípode que mejora la estabilidad de la parte superior del cuerpo sin el apoyo de las manos, lo que lo convierte en la posición más estable y efectiva para la meditación. Para sentarse en la posición de loto completo, la pierna se coloca en una posición cruzada típica con la pierna izquierda colocada en la parte superior del muslo derecho. La pierna derecha se coloca en la parte superior del muslo izquierdo. La colocación de este último, que será bastante difícil al principio, pero la persistencia a lo largo del tiempo adaptará los músculos y le dará una mayor comodidad y concentración a la posición. Los meditadores deben asegurarse de que las caderas permanezcan niveladas todo el tiempo y que las piernas se hundan cada vez más a cada lado. Todo lo que sucede debe ser consciente durante la práctica. Si surge dolor con esta posición, se aconseja observar en lugar de la lamentar sobre el loto o el deseo de estar en otra parte. Retorciéndose, tratando de escapar o desafiándolo con apretar los dientes. Permanecer con el dolor pronto aclarará cómo tener éxito en la posición de sentado elegida.

Sentarse en la silla también es útil para aquellos que tienen dificultades tanto para el semi loto como para el completa debido a la deformidad física, el dolor muscular o la vejez. Una silla vertical con respaldo recto es lo mejor para la meditación. Los pies deben colocarse firmemente en el suelo con la espalda apoyada suavemente y ambas manos colocadas en los muslos. En esta posición, la pierna no debe cruzarse para permitir un buen contacto de los pies con el suelo. Prendas sencillas sin cinturón son las mejores prendas para sentarse en meditación.

Aflojar el cuerpo y la mente será la siguiente acción a tomar. La espalda, cuello, hombros y rodillas se fortalecen para aflojar los músculos. Los músculos de la cara también se pueden aflojar formando una expresión facial de media sonrisa. También se debe prestar mucha atención para alinear la postura de nuestro cuerpo para aliviar la espalda y evitar la aparición temprana de dolor, el flujo libre de la respiración también puede ser obstaculizado por una postura incorrecta. La espalda y el cuello deben enderezarse con la parte superior de la cabeza apuntando hacia el cielo. El estómago también se alivia si la barbilla se cae ligeramente. La posición de la mano puede ser de varias orientaciones, la cual está influenciada por los antecedentes culturales y espirituales, pero colocar la mano en el muslo con la palma hacia arriba es mejor para los meditadores más espirituales.

Los ojos pueden estar medio cerrados o totalmente cerrados, pero es mejor dejarlos medio cerrados para evitar el letargo y el sueño. Están diseñados para mirar hacia abajo a un par de pies de la parte frontal y el párpado se cerrará naturalmente a dos tercios, esto evitará que los ojos parpadeen y conducirán un retiro constante de la mente sin inducir el sueño. Si los párpados siguen fluctuando, entonces uno puede simplemente cerrar los ojos y, por lo tanto, mantenerlos firmes sin una presión extrema, en la posición de los ojos medio cerrados, el punto a la vista debe estar libre de objetos que puedan distraer la mente de la meditación, el punto claro es mejor inducir la mente con la nada.

Una vez que se ha establecido la postura correcta, el meditador debe proceder al factor principal de la meditación. Esto implica la inhalación y exhalación reguladora y controlada del aire durante la meditación, la boca está preferiblemente cerrada, la respiración se realiza a través de la nariz. La meditación es conocida como una acción que ayuda a la mente a controlar el pensamiento, por lo tanto, desviando la atención de todas las formas de meditación. El intento del meditador por controlar la respiración puede poner en peligro la calma mental. Por lo tanto, es mejor abandonar la respiración a la fuerza natural y hacerla profunda e intensa. Al principio, la respiración puede ser rápida o superficial, pero la relajación y la actitud de no aceptar ni rechazar los pensamientos que surjan ayudarán a desacelerar y profundizar el ciclo de exhalación e inhalación hasta que logre un suceso independiente y libre.

La respiración sigue haciéndose más delgada y cada vez más sutil, haciendo que la mente se estabilice y se calme, la frecuencia y la intensidad de la respiración pueden ser usadas para clasificarla. Las siguientes son las principales clases de respiración.

Respiración ventosa: como su nombre lo indica, el sonido que produce el ciclo de inhalación y exhalación es audible y se dibuja a una velocidad relativamente lenta, la atención se desplaza fácilmente a la práctica de respiración y, por lo tanto, acelera la tranquilidad. Es común entre los seniles que practican la meditación, especialmente si tiene una cantidad de grasa corporal relativamente alta.

Respiración agitada: A menudo como resultado de la mente perturbada, la respiración solo produce un sonido débil con el rápido ascenso y descenso del diafragma, que indica la velocidad de la respiración. Los meditadores experimentan una sensación de inhalación inadecuada y aumentan los latidos del corazón. La atención inconsistente se desviará de la respiración al incremento, aunque en contra del esfuerzo del meditador. La respiración agitada resulta en una meditación ineficaz y fallida porque la mente experimenta una calma mínima y el pensamiento puede surgir a medida que la ansiedad continúa. Por lo tanto, se debe hacer un esfuerzo para evocar recuerdos agradables e ideas que puedan ayudar a reducir la ansiedad y, finalmente, modificar la respiración.

Bocanada de aire: el ciclo de inhalación y exhalación no presenta ninguna obstrucción y no se produce ningún sonido audible, pero los pulmones no se llenan durante la inhalación y no se logra la sensación de calma. También es difícil concentrarse totalmente en esa respiración y los pensamientos perturbadores se reprimen lentamente. Este tipo de respiración puede mejorarse mediante la práctica constante con un aumento secuencial en la duración de la meditación.

Respiración silenciosa: no hay sonido ni obstrucción, ni aspereza ni suavidad acompañadas por un tiempo silencioso cuando uno no siente la respiración como una tarea, sino como un fenómeno normal, la respiración silenciosa se armoniza fácilmente y mejora el incremento de la calma que resulta en una mente rápidamente estable, con práctica constantes a menudo toma un respiro silencioso unos momentos para regular.

Contar la respiración

Una vez que la respiración se estabiliza, un juego mental o contar la respiración ayudará a alcanzar el estado de nada, el conteo es de una unidad de decenas con la exhalación y la inhalación cuenta como dos. Es decir, inhalar...1 exhalar...2, el conteo debe continuar hasta el 10 y termina con el espirado, luego el conteo comenzará nuevamente desde uno y continuará en serie durante toda la duración de la meditación, si la mente divaga o dormita, el meditador debe comenzar el conteo desde el principio y hacer uso de la boca sin hacer sonido, con el tiempo el conteo armoniza con la respiración y la respiración se asemeja al auto-conteo en dígitos.

Cuando se hayan alcanzado los objetivos del conteo de la respiración, el siguiente paso debe ser rastrear la respiración. La mente debe haberse relajado y el cuerpo se habría embarcado en la renovación gradual de sus ciclos fisiológicos, la mente sentirá escapar de la jaula del cuerpo y se moverá libremente a medida que fluye la respiración. Ting Chen, una vez, describió el rastreo de la respiración como el proceso de "disiparse como una nube y desvanecerse como una niebla", esto sucede cuando la mente se libera del aburrimiento.

Meditación libre: es un híbrido de varias técnicas de meditación con reglas y procedimientos guía limitados. A menudo se le conoce como meditación ocupada o de prisa. La meditación libre es una práctica que se realiza temprano en la mañana por personas con un horario ocupado para realizar una meditación concentrada. Mientras realiza otras actividades, el meditador mantiene un estado de silencio puro, es decir, sin decir ninguna palabra tras despertar. Los ojos se dejan abiertos o cerrados de acuerdo con otras actividades en este momento, la respiración se mantiene en forma de aire y el movimiento de las extremidades es bastante lento y constante. Música soul tocada suavemente con un instrumento minimalista puede ser reproducida como tono de fondo para armonizar el movimiento del cuerpo. También se hace un esfuerzo para desvincular la mente de las actividades diarias excesivas a fin de desviar la asignación a la respiración.

Esto puede continuar mientras el meditador se esté preparando para el día. Cuando termine, el meditador debe hacer su primera declaración, generalmente saludando incluso si está solo. Tal declaración como llamar es su propio nombre completo, diciendo "buenos días" en el espejo con una sonrisa alegre en su rostro. Se ha observado que esto influye positivamente en cualquier otra actividad a lo largo del día.

Además, el meditador puede tomar un vaso de agua antes o inmediatamente después de la meditación, lo que influirá positivamente en el cuerpo.

Meditación para dormir: Este tipo de meditación es la última actividad del meditador durante todo el día. A menudo se lleva a cabo en la posición de dormir (cama o colchón). Luego de que la comodidad del cuerpo se haya buscado a través de la comida, ducha y quitarse vestimenta. Los ojos deben estar parcialmente cerrados o totalmente cerrados, pero no deben dejarse abiertos. Debe recostarse sobre su espalda o de lado de acuerdo con sus preferencias y el lado derecho es mejor si está acostado en el lado preferido. La respiración se mantiene como se explicó anteriormente. La respiración amplia es la mejor para esta técnica de meditación. Y la mente no debe ser restringida, ya que rebobina las actividades de todo el día. Esto ayudará mucho a manejar el trauma y las emociones que habían ocurrido durante el día.

La intensidad de la luz es aconsejable que sea baja y no debe estar en contacto directo con los ojos, si los ojos no están totalmente cerrados. La música suave también es de gran ayuda para esta técnica de meditación. Se debe evitar demasiado calor y la meditación durante el sueño se practica mejor con una ventilación adecuada.

Se debe tener en cuenta que el objetivo

principal de esta técnica es crear un pasaje simple para dormir, por lo tanto, se debe esperar que se duerma antes en la práctica y se debe fomentar aumentando la intensidad de la respiración. También influye en el tipo de sueño que se escenifica durante el sueño, esto implica que la mente debe detenerse en la experiencia placentera del día.

FORMAS DE MEDITACIÓN

Meditación de deidad: Esta es una forma espiritual de meditación en la que los meditadores se visualizan a sí mismos como una deidad o dios, generalmente en forma similar con aquellos con los que ya están familiarizados. La recitación espiritual y el mantra también son características de la meditación. El poder de meditar el sentimiento de compasión y sabiduría. También ayuda a realzar la filosofía espiritual de los meditadores. Del mismo modo, ayuda a los meditadores a liberarse de aferrarse a sí mismos, ya que él/ella ya no se identifica con el ego egoísta ordinario, sino que está dotado de cualidades iluminadas.

La práctica de la meditación de deidad es común entre los budistas imaginándose a sí mismos en la imagen de deidades como GreenTara, Chenrezig, Vajrasaltare, entre otros. Se considera la mejor forma de meditación que puede ayudar a mejorar la dependencia de las circunstancias espirituales personales.

Meditación sobre las impurezas del cuerpo: esta meditación está diseñada para combatir la lujuria y el deseo incontrolable por las relaciones sexuales. Esta forma de meditación fue desarrollada para ayudar a los seguidores a frenar su impulso sexual, mantener sus mentes en una meditación puntual. Los creyentes asumen que cada parte del cuerpo se alcanza a través de la mente. Toda forma de impurezas se limpia luego a lo largo del estado de nada en la mente. Al hacer meditadores no será víctima de una exagerada belleza corporal. Y la forma humana se puede ver de una manera más equilibrada.

Meditación del recuerdo de la bondad: El objetivo principal de esta meditación es recordarnos la bondad de nuestras madres para desarrollar un corazón de gratitud hacia ellas. También en el desarrollo del sentido de la responsabilidad para pagar la bondad con amabilidad. El meditador afirma que la meditación del recuerdo de la bondad es poderosa para combatir el odio que podríamos tener hacia nuestros padres.

Ecuanimidad de meditación: Las personas que conocemos se clasifican principalmente en aquellos a quienes amamos, a los que odiamos o hacia los que nos sentimos indiferentes. De acuerdo con el principio de esta meditación, estas categorías son ilusiones y no debemos fijar la etiqueta permanente a las personas porque siempre estará cambiando el fenómeno. Esta meditación ayuda a romper la etiqueta que hemos dado a las personas en nuestra vida al hacer una presentación consciente de cada personaje como una criatura inocente y nueva sin ninguna mención negativa hacia nosotros. Por lo tanto, podemos desarrollar amor, bondad y compasión a todos.

Meditación del aprecio por la vida: Según Buda, obtener un renacimiento humano es muy raro. Además, obtener una vida humana es la condición para poder practicar la enseñanza de la vida. Esta meditación se enfoca en lo difícil que es obtener esta vida humana para que podamos apreciar la oportunidad que tenemos. Está bien promocionado entre personas con menor esperanza de vida, como lisiados y con enfermedades terminales.

Meditación de la culpa: esta forma de mediación se enfoca más en el sufrimiento múltiple que el ser mortal experimenta en este mundo. Aunque esta meditación ayuda a desarrollar compasión por los demás, su objetivo principal es difamar el material externo del mundo, como el dinero y la posesión, como fuente de felicidad temporal que se desvanecerá con el tiempo. También aprovecha que la felicidad solo se puede encontrar genuinamente en el interior, no a partir de material externo. La meditación sobre la culpa también ayuda a fortalecer el renunciamiento y a ayudar a los humanos desde la búsqueda ciega del placer insatisfactorio del mundo.

Meditación Koan: Esto implica una

meditación en una frase o pregunta que repetidamente viene a la mente. Tal pregunta generalmente no puede resolverse a través del pensamiento conceptual e intenta empujar la mente del meditador más allá del pensamiento, traumatizando así al meditador. Es la creencia de que un breve corte del proceso intelectual a través de golpear la pregunta o frase con un enfoque óptimo puede llevar a la realización directa del misterio detrás de nuestra curiosidad. El ejemplo de la meditación Koan es sobre preguntas como "qué pasaría si no naciera" y "dónde se encuentra el alma humana".

Solo Meditación: como lo implica, es una meditación sin objeto cuando la mente no está enfocada en un pensamiento. El objetivo de solo meditación es permanecer sentado y concentrar todo nuestro enfoque en la respiración hasta lograr un estado mental libre. Los pensamientos que logran surgir se dejan de divagar sin concentrarse en ellos hasta que se alejan y dejan la mente en blanco.

La noción de esta meditación se desarrolla a partir de la respiración, donde se imagina el ascenso y el paso del fenómeno sin demora.

Meditación Metta: Esta meditación tiene como objetivo aumentar nuestro sentimiento de bondad amorosa hacia las personas que nos rodean, independientemente de su comportamiento hacia nosotros. La etapa inicial de esta meditación incluye la proyección de un enfoque hacia el amor que ya está sujeto a nuestras emociones positivas, esta ayuda fortalece el cuidado y el amor interpersonales. Luego, se avanza para abarcar a las personas que etiquetamos como enemigos en la meditación con el objetivo de construir el perdón y la pasión hacia ellos.

Meditación sobre la semejanza de uno mismo y otros: esta meditación tiene como objetivo resaltar nuestra humanidad compartida. El meditador imagina a todos como una réplica de sí mismo con la misma mente y emociones. Imagina que cualquier forma de sufrimiento o injusticia en otros es indirectamente un acto de injusticia en sí mismo. Esto aumentará la compasión que los humanos tienen unos con otros. Los cristianos orientales suelen basar la meditación en la enseñanza de Jesucristo: "haz con otros lo que deseas que te hagan a ti". La creencia de que todos los humanos tienen derecho a nuestro amor, independientemente de su personalidad.

Meditación de calma: se trata de mirar la respiración como nuestro sujeto de meditación. Está diseñada específicamente para enfocar nuestra mente en el rastreo de la respiración y reducir la distracción. No es raro usar un factor externo para esta meditación. Tales objetos son naturales como la luna llena y el árbol frutal que representan la paz. Todo el enfoque se coloca en el objeto sin desarrollar un pensamiento concreto sobre ellos.

Es una creencia traer mayor paz, felicidad y claridad a la vida de uno si se practica con frecuencia. También ayuda a desarrollar una mente concentrada para crear una visión de nuestra verdadera naturaleza.

Experiencia de novela: es una actitud ficticia e imaginativa hacia nuestro entorno. Naturalmente, el cerebro humano es una máquina de detección de fallas que tiende a analizar las acciones repulsivas de las personas y registrar su personalidad con tales acciones. La experiencia de novela ayudará a crear una nueva perspectiva en individuos ya etiquetados y redirigirá nuestra mente de la negatividad. De manera similar, para la Meditación Metta, esto ayuda a construir el perdón y la compasión hacia las personas en nuestra sociedad. El rasgo distintivo de esta forma de meditación es que se basa en ideas puramente imaginativas y ficticias, acuñadas y organizadas en el curso de meditación.

PAUTAS SOBRE LA MEDITACIÓN

Las siguientes son algunas pautas generales para todas las técnicas de meditación para ayudar a mejorar el resultado deseado.

Postura correlativa: cada técnica de meditación tiene una postura única que ayuda a alcanzar el estado mental relajado en un corto tiempo. La facilidad y la comodidad deben ser adecuadas durante un periodo prolongado, especialmente durante más de 20 minutos. Esto evitará el dolor y las molestias de la parte del cuerpo que puede afectar nuestro enfoque. Además, la meditación a corto plazo no debe realizarse en un estado demasiado reconfortante para evitar quedarse dormido.

Incremento gradual en la duración: Los principiantes a menudo se les pide que mantengan la duración de la práctica entre 10 y 15 minutos para aumentar su interés en la meditación. Luego seguirá el incremento secuencial y gradual de la duración. A medida que la mente y el cuerpo se acostumbran a la técnica, se puede dedicar más tiempo a explorar más profundamente en la mente. Dicho incremento puede ser en secuencia de cinco minutos o más, según convenga.

Consecuencia: las consecuencias de la técnica elegida deben considerarse y entenderse antes de la práctica. Algunas formas de meditación inducen el sueño después de la práctica. Dicha meditación no se puede arreglar durante el día cuando el meditador tiene más trabajo que hacer. Además, la meditación que es profundamente relajante se realiza preferiblemente una hora antes de la comida o la comida debe realizarse poco después de la práctica.

Regularidad: la meditación debe llevarse a cabo a menudo para mantener la relación con la mente. La falta de práctica afectará la capacidad de adaptación de la mente y desmejorará que la terapia en aumento que ella brinda. Se deben hacer esfuerzos para cumplir con el programa establecido, también debe evitarse impedir que se realice. Se aconseja realizar meditación en un promedio de dos veces al día.

Naturalidad: algunas personas piensan que deben sentarse perfectamente quietas mientras meditan. Es recomendable ser natural. La picazón debe rascarse cuando se padece y uno debe sentirse libre de cambiar de posición cuando existe una molestia que tiende a distraer. Aunque el movimiento debe ser restringido a menos que sea una técnica para caminar. Esto mantendrá la sensación de libertad en el cuerpo mientras la mente se relaja.

Manejo del pensamiento: Los pensamientos surgen espontáneamente en la mente. Son parte natural de la meditación. El papel de la meditación es sentirse más a gusto, relajado y en paz con todo lo que está sucediendo. Por lo tanto, es importante no resistir los pensamientos que ocurren, así como no detenerse en ellos. Cuando se observa que la conciencia ha sido atrapada en una serie de pensamientos, la mente debe volver fácilmente al enfoque de la meditación basado en la técnica empleada.

En la meditación de respiración, por ejemplo, es más fácil redirigir la mente en la exhalación y la inhalación de aire. Es importante entender que uno no se equivoca cuando la mente queda atrapada en el pensamiento, es natural. Es recomendable considerar el pensamiento como la nada de la actividad de la mente.

Ruido: la meditación es mejor disfrutarla en un lugar tranquilo. Pero en circunstancias extremas, cuando es difícil evitar el ruido, el meditador no debe, por sí mismo, bloquear el ruido. Más bien debe dejarlo ser y la meditación debe continuar con el máximo enfoque en la mente y la respiración. Si no puede lidiar con ruido sin perder el enfoque, entonces, se pueden tomar medidas para obstruir el ruido usando. Prendas para la cabeza para amortiguar el sonido.

Quedarse dormido: con suerte, en la meditación entramos en un estado de"noresistencia", con suerte, en la meditación entramos en un estado de "no resistencia", esto incluirá no resistir el sueño si llega. Al luchar contra el sueño nos esforzamos en contra del objetivo de la facilidad para practicar la meditación. Por lo tanto, si llega el sueño, podemos dejarlo ser.

Si el meditador descubre que con frecuencia se queda dormido durante la meditación, puede significar que la persona necesita dormir más por la noche y esto es un buen recordatorio de que uno no descansa lo suficiente.

Debe tenerse en cuenta que ningún acto puede reemplazar totalmente el papel del sueño, por lo tanto, la meditación no debe considerarse como un sustituto perfecto del sueño.

Finalizar la meditación: Es importante tomarse un tiempo para salir de la meditación lentamente. Cuando estamos profundamente descansados en la meditación, se puede sacudirse para levantarse de repente y comenzar nuestras actividades. Uno debe permanecer con los ojos cerrados por un minuto o dos. El estiramiento y un poco de movimiento nos llevarán gradualmente a la actividad. Los ojos primero deben estar abiertos, mirando hacia abajo y el parpadeo debe ayudar a adaptarse a la luz.

Uso de la recitación: cuando uno se da cuenta de que la mente está divagando, el uso de frases y la recitación especial lo ayudará a recuperar suavemente la atención para respirar, por lo que no debe considerarse a sí mismo como un mal meditador. Tal uso de la palabra en la meditación es "silencio", "paz" o religión y recita las creencias del meditador.

PAUTAS ADICIONALES SOBRE LA MEDITACIÓN CAMINANDO

Para este tipo de meditación caminando, elija un camino recto de unos 30 a 40 pies de largo.

Puede practicar descalzo, o llevar zapatos livianos.

Párese de pie, con los ojos hacia abajo mirando hacia alrededor de un metro y medio adelante (para evitar distracciones), sin mirar nada en particular. Algunas personas encuentran útil mantener los párpados entrecerrados.

Al caminar, ponga toda su atención en las plantas de los pies, en las sensaciones y los sentimientos a medida que surgen y desaparecen.

Sienta las piernas y los pies tensos al levantar la pierna. Sienta el movimiento de la pierna mientras se balancea en el aire. Note las sensaciones que se sienten.

Cuando el pie vuelve a tomar contacto con el camino, surge una nueva sensación. Coloque su conciencia en esa sensación, como se siente a través de la planta del pie.

Una vez más a medida que levanta el pie, note mentalmente la sensación a medida que surge.

Con cada nuevo paso, se experimentan ciertos sentimientos nuevos y cesan los sentimientos anteriores: sentimientos que surgen, sentimientos que desaparecen, sentimientos que surgen, sentimientos que desaparecen. Esto debe ser reconocido con atención plena. Tenga en cuenta constantemente todas las sensaciones que surgen en la planta del pie.

No hay experiencia "correcta". Solo vea cómo siente la experiencia.

Camine de un lado a otro por el mismo camino corto. Cuando llegue al final de su ruta, deténgase por completo, gire, pare de nuevo y comience de nuevo.

Al principio, a la mitad y al final del camino, pregunte: "¿Dónde está mi mente? ¿Está en las plantas de los pies?", y así restablecer la atención plena. Cada vez que su mente se desvía de este enfoque, lo lleva de vuelta a su pie y las sensaciones del contacto con el suelo.

Su velocidad puede cambiar durante un período de meditación. Vea si puede sentir el ritmo que lo mantiene más íntimo y atento a la experiencia física de caminar.

En cualquier momento, si siente que la mente se está ingresando profundamente en la tranquilidad, y se siente como si estuviera quieto o sentado.

Día	Periodo	Duración	Respiración
1	amanecer	5-10 minutos	aire
2	Mañana	10-15 minutos	aire
3	Mañana y noche	10-15 minutos	ventoso
4	Mañana y noche	18 minutos o más	rocío

Cuadro 1A, un cuadro simple para ayudar a los principiantes en la meditación

INVESTIGACIONES CIENTÍFICAS DEL EFECTO DE LA MEDITACIÓN

La meditación ayuda a preservar el envejecimiento del cerebro

A study from UCLA found that long-term meditators had better-preserved brains than non-meditators as they aged. Participants who'd been meditating for an average of 20 years had more grey matter volume throughout the brain — although older meditators still had some volume loss compared to younger meditators, it wasn't as pronounced as the non-meditators. "We expected rather small and distinct effects located in some of the regions that had previously been associated with meditating," said study author Florian Kurth. "Instead, what we actually observed was a widespread effect de meditación that encompassed regions throughout the entire brain."

La meditación reduce la actividad del cerebro "centrada en uno mismo"

Uno de los estudios más interesantes en los últimos años, llevado a cabo en la Universidad de Yale, encontró que la meditación consciente disminuye la actividad en la red neuronal por defecto

(RND), la red del cerebro responsable de los pensamientos que se desvían de la mente y auto-referenciales, también conocida como "mente de mono". El RND está "activado" o activo cuando no estamos pensando en nada en particular, cuando nuestras mentes simplemente están divagando de pensamiento en pensamiento. Dado que la mentalidad se asocia típicamente con ser menos feliz, rumiar y preocuparse por el pasado y el futuro, lidiar con ello es el objetivo de muchas personas. Varios estudios han demostrado que la meditación, a través de su efecto calmante en el RND, parece hacer precisamente eso. E incluso cuando la mente comienza a divagar, debido a las nuevas conexiones que se forman, los meditadores son mejores para salir de ella.

Sus efectos antidepresivos para combatir la depresión, la ansiedad

Un estudio de revisión el año pasado en Johns Hopkins examinó la relación entre la meditación consciente y su capacidad para reducir los síntomas de depresión, ansiedad y dolor. El investigador Madhav

Goyal y su equipo encontraron que el tamaño del efecto de la meditación fue moderado, en 0,3. Si esto suena bajo, tenga en cuenta que el tamaño del efecto de los antidepresivos también es de 0,3, lo que hace que el efecto de la meditación sea bastante bueno. La meditación es, después de todo, una forma activa de entrenamiento cerebral. "Mucha gente tiene la idea de que meditación significa sentarse y no hacer nada", dice Goyal. "Pero eso no es cierto. La meditación es un entrenamiento activo de la mente para aumentar la conciencia, y diferentes programas de meditación abordan esto de diferentes maneras". La meditación no es una solución mágica para la depresión, ya que no hay tratamiento, pero es una de las herramientas que puede ayudar a controlar los síntomas.

La meditación puede conllevar cambios de volumen en áreas clave del cerebro
En 2011, Sara Lazar y su equipo en Harvard descubrieron que la meditación consciente puede cambiar la estructura del cerebro: se observó que ocho semanas de

reducción del estrés basada en la atención plena (REBAP) aumentan el grosor cortical en el hipocampo, que rige el aprendizaje y la memoria, y en ciertas áreas del cerebro que juegan un papel en la regulación de la emoción y el procesamiento autorreferencial. También hubo una disminución en el volumen de las células del cerebro en la amígdala, que es responsable del miedo, la ansiedad y el estrés, y estos cambios coincidieron con los autoinformes de los niveles de estrés de los participantes, lo que indica que la meditación no solo cambia el cerebro, sino que también nuestra percepción subjetiva y nuestros sentimientos. De hecho, un estudio de seguimiento realizado por el equipo de Lazar descubrió que después de practicar la meditación, los cambios en las áreas del cerebro relacionadas con el estado de ánimo y la excitación también estaban relacionados con las mejoras en la forma en que los participantes se sentían, es decir, su bienestar psicológico. Entonces, para cualquiera que diga que las manchas activadas en el cerebro no necesariamente significan nada, nuestra experiencia subjetiva (un mejor estado de ánimo y bienestar) también parece haber cambiado a través de la meditación.

La meditación puede ayudar con las adicciones

Una cantidad en aumento de estudios ha demostrado que, debido a sus efectos en las regiones de autocontrol del cerebro, la meditación puede ser muy eficaz para ayudar a las personas a recuperarse de diversos tipos de adicción. Un estudio, por ejemplo, enfrentó el entrenamiento de plenitud mental frente al programa de la American Lung Association para dejar de fumar (FFS), y encontró que las personas que aprendieron plenitud mental tenían muchas más probabilidades de dejar de fumar al final del entrenamiento, y luego de un seguimiento de 17 semanas, en comparación con las del tratamiento convencional. Esto puede deberse a que la meditación ayuda a las personas a "disociar" el estado de deseo del acto de fumar, por lo que el uno no siempre conlleva al otro, sino que experimenta y elimina completamente la "ola" de deseo, hasta que pasa. Otras investigaciones han encontrado que el entrenamiento de la atención plena, la terapia cognitiva basada en la atención plena (TCBAP) y la prevención de recaídas basadas en la atención plena (REBAP) pueden ser útiles para tratar otras formas de adicción.

MAYORES DESAFÍOS DE LA MEDITACIÓN Y SOLUCIONES

Impaciencia

Sentir la necesidad de hacer otra cosa durante una sesión de meditación es probablemente el mayor obstáculo de la meditación. La impaciencia hace que terminemos las sesiones de meditación temprano, impide nuestra concentración y con frecuencia nos hace detener nuestra práctica por completo.

La clave para contrarrestar la impaciencia es reconocer la existencia misma del sentimiento en sí. Si sentimos la necesidad insaciable de hacer otra cosa, es importante reconocer el sentimiento de impaciencia en lugar de ceder. Al reconocer nuestra impaciencia, nos capacitamos para enfrentarlo de manera efectiva en lugar de permitir que nos gobierne.

Después de reconocer el sentimiento, debemos recordarnos que los beneficios de una práctica diaria de meditación nos ayudarán a ser más efectivos en todo lo que hacemos después, incluidas las actividades que están causando nuestra impaciencia. Una mente calmada y efectiva ayuda con la toma de decisiones, la ansiedad y el pensamiento claro.

En segundo lugar, al identificar y aislar el sentimiento de impaciencia, podemos practicar soltarlo, lo que nos lleva a la esencia de la meditación: reconocer los pensamientos improductivos y soltarlos.

Falta de tiempo

Muy a menudo establecemos intenciones de meditar con regularidad, pero nuestra práctica termina siendo rechazada por cosas "más importantes". A menudo sentimos que hay un millón de otras cosas que debemos hacer antes de tener tiempo para nuestra práctica de meditación.

La clave aquí es priorizar la meditación trabajando en nuestra percepción de ella. Si consideramos la meditación como una parte fundamental de nuestra rutina, como lavarnos los dientes o tomar una ducha, perder la meditación ya no es una opción. Pasamos por una rutina para preparar nuestros cuerpos físicos para el día, así que ¿por qué no tener una para nuestras mentes también?

Falta de sueño

Es muy, muy difícil de meditar sin dormir lo suficiente. Si comenzamos a meditar luego de dormir poco, a menudo nos sentimos somnolientos y terminamos quedándonos dormidos. ¡No es muy productivo! Además, un déficit de sueño reduce nuestra capacidad de concentrarnos y controlar nuestros pensamientos, lo que hace que nuestras sesiones de meditación sean mucho menos efectivas. También es menos probable que meditemos en primer lugar cuando la fatiga socava nuestra determinación.

¿Cuál es la respuesta? ¡Tómese un descanso y duerme un poco! Está bien dejarse llevar y permitirnos la restauración que necesitamos para tener éxito.

Sentirse sostenido

Sentirse bien puede ser nuestra mayor inspiración y nuestro mayor obstáculo. Si no somos cuidadosos, ¿sentirse bien puede erosionar sutilmente nuestra determinación de continuar con nuestra práctica de meditación? La idea de que debido a que nos sentimos bien, no necesitamos meditar parece que tiene sentido en la superficie, pero en última instancia deshará nuestro progreso si la seguimos. Puede ser tan simple como levantarse por la mañana y decidir descansar y disfrutar de la mañana en lugar de meditar porque "nos sentimos bien, así que todo está bien". Si la evitamos muchas veces, retrocederemos en nuestra práctica y perderemos la mentalidad positiva que cultivamos. Lo bueno es bueno, pero lo mejor es aún mejor. Solo podemos continuar bien si seguimos nuestra meditación. Enfocarse en mantener y mejorar la experiencia positiva.

Finalización corta
Este es un inconveniente muy sutil en nuestra práctica de meditación que puede llevar mucho tiempo superar si no nos damos cuenta de que está sucediendo.

Esto ocurre durante una sesión en la que nuestra mente finalmente se establece en un lugar de calma y luego decidimos terminar inmediatamente la meditación porque creemos que hemos logrado nuestro objetivo. Al terminar nuestra sesión temprano, de hecho, estamos perdiendo los enormes beneficios de continuar.

Podemos pensar la meditación en dos pasos. El paso uno es lograr la calma inicial durante una meditación y el paso dos es sentarse con esa calma. Al residir en un estado de tranquilidad, profundizamos nuestra calma, mejoramos nuestra claridad y fortalecemos nuestro sentimiento de relajación durante el período posterior a la meditación.

Dolor corporal e irritación

El dolor corporal es común en la meditación. Pueden ocurrir debido a una postura corporal inadecuada o porque la mente está aumentando las pequeñas molestias que previamente han escapado a nuestra atención. También utilizando una esterilla tejida por la presión contra la superficie dura. La sensación de incomodidad supondrá una gran amenaza para la mente ya que se coordina con la relajación.

Alternativamente, uno puede encontrar una posición diferente para aliviar el dolor de la rodilla al sentarse en una silla con los pies plantados en el suelo. Además, las caderas y el dolor de espalda pueden aliviarse acostándose. Si estar acostado lastima la parte inferior de la espalda, intente doblar la rodilla y colocar los pies en el suelo mientras está acostado sobre la espalda. Si la sugerencia anterior no funciona, entonces la meditación ayudará.

FORMAS DE PROMOVER LA MEDITACIÓN EN NUESTRA SOCIEDAD

Debido a que el origen de la meditación puede ser fácilmente un encontrado en la antigua sociedad oriental, la práctica ha sido adoptada y modificada a lo largo de las generaciones. Luego, la visión cultural que tienen hacia la meditación hace que sea un aspecto importante de su vida social y cultural. También se reconoce y valora la importancia espiritual de la práctica en toda la sociedad oriental. Esto se hace evidente por la influencia de la meditación en cada religión que se origina en el Este.

Por el contrario, la meditación no ha sido ampliamente aceptada en la mayoría de la sociedad occidental. La configuración cultural de las sociedades occidentales había planteado una gran amenaza para la promoción de la práctica en la sociedad. Además, la diferencia en la filosofía espiritual y el valor ha estigmatizado la promoción de la meditación en estas sociedades. En la región tropical de África, por ejemplo, el silencio aislado por una duración considerable se interpreta como un signo de trauma o tristeza. Esta y otras diferencias son los retos de meditación en nuestra sociedad. Las siguientes recomendaciones resaltadas ayudarán a integrar el valor de la meditación en nuestra sociedad.

Conciencia: un mayor porcentaje de la población no es consciente de la filosofía social y la ventaja psicológica en el bienestar general del individuo. Los medios de comunicación pueden usarse para informar a la población a través de argumentos convincentes y una analogía demostrativa sobre el beneficio de la meditación y cómo se puede practicar. Conveniencia. Esto contribuirá en gran medida a promover la práctica en la sociedad.

Todas las instituciones de salud deben asumir la responsabilidad de educar sobre la mente acerca del efecto relajante de la meditación, ya que la mayoría de los problemas de salud son causados por el mal descanso y el exceso de trabajo. Esto ayuda a iniciar un descenso significativo en las estadísticas del problema de salud debido a un descanso inadecuado.

La adaptabilidad cultural es esencial en el intercambio de ideas con diferentes sociedades. Esto abrirá a la gente a la práctica existente en otra sociedad que puede ser útil para mejorar su propia forma de vida.

CONCLUSIÓN

Siendo una parte importante de la vida social humana, la meditación ha sido practicada durante generaciones en el mundo antiguo. En primer lugar, la práctica para fines religiosos, se ha descubierto que los beneficios de la práctica cubren una amplia gama en la vida humana, salud, psicología, mejora social, entre otros. Se han modificado varias técnicas para ayudar a la meditación a obtener un efecto maximizado de la práctica. Cada técnica ha definido procedimientos y pautas para establecer la armonía entre los factores de meditación. Se ha reconocido que el motivo para meditar tiene una gran influencia en la forma de meditar empleada.

Varios desafíos que representan una amenaza para la meditación han sido confrontados con soluciones sugerentes y su implementación. El mundo científico se ha dado cuenta de que la meditación, si se mejora, tendrá remedios duraderos para la mayoría de los trastornos mentales, por lo que se ha realizado un esfuerzo para explorar la relación.

Si bien la mayoría de la sociedad occidental aún se mantiene en la práctica de meditación por razones socioculturales, la adopción de esta práctica contribuirá a mejorar varios aspectos del bienestar general de las personas. Hasta ahora, la meditación ha sido vista como el bálsamo definitivo para aliviar tanto el cuerpo como la mente del trauma de la vida humana.

www.ingramcontent.com/pod-product-compliance
Lightning Source LLC
Chambersburg PA
CBHW072016070526
44583CB00015B/1510